U0922626

永远在路上

中国考古学

张忠培◎著

故宫出版社

怀念张忠培先生

单霁翔

转眼间，张忠培先生离开我们快三年了，知悉故宫博物院—吉林大学张忠培考古学研究中心今年在故宫博物院召开会议，会议组织者将会把张忠培先生生前2013~2017年的文章结集出版，并以《中国考古学：永远在路上》的命名来纪念先生，甚感悲伤和欣慰。悲伤的是再也见不到先生的笑容，再也不能与先生一起参加活动，再也得不到先生悉心教诲。欣慰的是见字如见人，先生的思想将用文字的方式激励我们继续前行，影响一代又一代人，先生的事业将会由后人来继承发展下去。

认识先生20多年了，伴随着我的每次工作变动，从北京市文物局、国家文物局到故宫博物院，与先生的交往越来越多，共同的话题也越来越多，尤其是我调任故宫博物院的七年多时间，我们坚持落实先生倡导的“平安的故宫”“学术的故宫”“完整的故宫”“强大的故宫”的理念，使故宫博物院的安全状况和社会影响不断有所改变，开放面积越来越大，故宫变成了一个“开放的故宫”“活起来的故宫”，故宫博物院的事业发展得到了社会各界的广泛认可和支持。

我在国家文物局工作的十年期间，得到了张忠培先生从精神上到行动上的大力支持，先生的《浅谈考古学的局限性》《考古学与文物保护——在贵州省文物考古研究所召开的学术报告会上的演讲》等文章从学理上支持了考古学持续发展，把考古纳入文物保护体系中，大遗址保护、国家考古遗址公园等国家文物局的各项政策。在担任国家文物局专家组成员和中国考古学会理事长期间，不断深入全国各地调研、考察、组织各种学术会议，身体力行地在行动上支持国家文物局的各项工作。

张忠培先生的一生著述颇丰，他的《中国考古学：走近历史真实之道》与梁启超、陈寅恪、鲁迅等诸多大家作品一起入选“中国文库”第一辑。他的《中国考古学：走出自己的路》《中国考古学：尽到自己的心》《中国考古学：说出自己的话》三部著作以“中国考古学思想史丛书”列入“十三五规划”，并获评“2018年度全国文化遗产十佳图书”。

这次收入《中国考古学：永远在路上》的共有27篇文章，有三个特点：

一是将张忠培先生2013年之后所写的文章结集出版（其中有三篇是2013年之前的文章），均是原文发表，未有修订。编辑团队仍然沿用了原班人马：高蒙河、朱延平、宋小军。先生的长子张晓悟也参与了结集出版的工作。

二是书名的由来。张忠培先生曾专门写过一篇文章《浅谈考古学的局限性》，来讨论考古学研究存在的局限，“这‘局限性’出于‘时代’，随着这些学科或科技的‘时代’进步，其‘局限性’便将被突破，突破到对这些被保护（或曰封存）的遗存可以发掘时，就可将这些遗存揭示出来”。张忠培先生认为考古学受限于科技发展，存在着许多研究的困境，考古学的研究“只能走近历史的真实，而不能走到历史的真实”。因此，中国考古学也是发展变化的，是永无止境的求索之路。故此书名之为《中国考古学：永远在路上》。

三是书中收录的张忠培先生文章可分为5个部分，分别为：对中国考古学、国家和文化的理论思考6篇，包括《考古学视野下的中国国家论纲》《考古学视野下的中国文化论纲》等。这6篇文章可以说是张忠培先生学术成果的集大成者，是“三论两学”（国家论、文化论、谱系论、层位学和类型学）的高度体现。

对地方考古与文物保护工作的意见和建议10篇，包括《从过去走向未来——在“纪念铜绿山古铜矿遗址发掘40周年学术讨论会”上的讲话》《在〈圆明园国家考古遗址公园规划〉文本专家评审会上的发言》《河套地区先秦两汉时期文化、生业与环境研究课题的进展与今后的任务》《我从上海的历史看到了什么？——在“城市与文明”学术研讨会上的讲话》等。

对中国玉文化研究的思路与期盼2篇，包括《在中华玉文化中心第五届年会开幕式上的讲话》《在中华玉文化中心第五届年会闭幕式上的讲话》。

对文博图书、报刊编纂的思考和书评5篇，包括《为丝路申遗鼓与呼》《〈困顿与开拓——一个国家文物局局长的自述〉读后——在该书出版发行座谈会上的发言》《在〈中国陶瓷史〉编纂工作会议上的讲话》等。

对故宫博物院科研、学术发展的建议3篇，《关于故宫博物院科研学术发展的几个问题》《在“故宫博物院十一项科研与出版项目新闻发布会”上的讲话》《故宫人放心我也放心》。

张忠培先生虽然离开了我们，但是他的精神永存，我们将继承先生的学术思想，从他的文字中汲取营养，勤奋拼搏，为中国文化“传承、吸收、融合、创新”贡献自己的力量。

目　录

考古学视野下的中国国家论纲

我讲这样几个问题：国家是什么？中国国家起源、形成，国家形态的演变旅程和国家形态的走向。

一、国家是什么？

国家问题，是马克思主义的核心。就国家是什么，我讲这样两类认识：

（一）恩格斯的国家学说

恩格斯在1884年出版的《家庭、私有制和国家的起源》的第九节，即《野蛮时代和文明时代》这节较全面地提出了他的国家学说。这个国家学说包含如下几个方面内容：

其一，“国家是社会在一定发展阶段上的产物”，国家是“从社会中产生但又自居于社会之上并且日益同社会脱离的力量”，“国家是文明社会的概括”，“文明时代是社会发展的一定阶段”。“随着阶级的消失，国家也不可避免地要消失。以生产者自由平等的联合体为基础的、按新方式来组织生产的社会，将把全部国家机器放到它应该去的地方，即放到古物陈列馆去，同纺车和青铜斧陈列在一起。”

其二，对于国家产生的社会根源和国家的功能，恩格斯是这样说的："在经济发展到一定阶段而必然使社会分裂为阶级时，国家就由于这种分裂而成为必要了。”“社会陷入了不可解决的自我矛盾，分裂为不可调和的对立面而又无力摆脱这些对立面。而为了使这些对立面，这些经济利益互相冲突的阶级，不致在无谓的斗争中把自己和社会消灭，就需要有一种表面上凌驾于社会之上的力量，这种力量应当缓和冲突，把冲突保持在‘秩序’的范围以内。”“国家是从控制阶级对立需要中产生的，同时又是在这些阶级的冲突中产生的，所以，它照例是最强大的。在经济上占统治地位的阶级的国家，这个阶级借助于国家而在政治上也成为占统治的阶级，因而获得了镇压和剥削被压迫阶级的新手段”，“但也例外地有这样的时期，那时互相斗争的各阶级达到了这样势均力敌的地步，以致国家权力作为表面上的调停人而暂时得到了对于两个阶级的某种独立性”。

其三，国家发展的阶段论。恩格斯以是否实行了普选制为标志，将国家区分为两个阶段，将凡是未实行普选制的国家，称之为“国家发展的低级阶段”，将实行了普选制的国家，称之为“国家的最高形式”。民主共和国是恩格斯说的“国家的最高形式”，并指出“民主共和国，在我们现代的社会条件下正日益成为一种不可避免的必然性，它是无产阶级和资产阶级之间的最后决定性斗争只能在其中进行到底的国家形式”，又说“在普选制的温度计标示出工人的沸点的那一天，他们以及资本家同样都知道该怎么办了”。

（二）毛泽东的国家学说

1. 毛泽东的国家学说是什么？

“枪杆子里面出政权”，“对人民内部的民主方面和对反动派的专政方面，互相结合起来，就是人民民主专政”，“工人阶级领导的以工农联盟为基础的人民民主专政国家”，“从基础到上层建筑实行全面的无产阶级专政”，“领导我们事业的核心力量是中国共产党，指导我们思想的理论基础是马克思列宁主义”。“我们现在的任务是要强化人民的国家机器，……以此作为条件，使中国有可能在工人阶级和共产党的领导之下稳步地由农业国进到工业国，由新民主主义社会进到社会主义社会和共产主义社会，消灭阶级和实现大同。”

2. 毛泽东国家学说的根源

其一，“‘即以其人之道，还治其人之身’。我们就是这样做的，即以帝国主义及其走狗蒋介石反动派之道，还治帝国主义及其走狗蒋介石反动派之身。如此而已，岂有他哉！”古人云：“国之大事在祀与戎。”“祀”是指敬天崇祖为核心的多神教的祭祀，即通神之权，简曰神权；“戎”是指兵器、军旅、征伐、战争，即司管军事，简曰军权。所谓夺取政权靠两杆子，巩固政权也靠两杆子，即枪杆子和笔杆子，这两杆子便是军权和神权的延伸。

其二，是承袭了列宁、斯大林的国家学说。列宁、斯大林的国家学说，是恩格斯总结被他称之为“低级阶段”国家实践而产生的国家学说。恩格斯说：“古代的国家首先是奴隶主用来镇压奴隶的国家，封建国家是贵族用来镇压农奴和依附农的机关，现代的代议制的国家是资本剥削雇佣劳动的工具。”马克思说：“我的新贡献就是证明了下列各点：1. 阶级的存在仅仅同生产的一定历史阶段相联系；2. 阶级斗争必然导致无产阶级专政；3. 这个专政不过是达到消灭一切阶级和进入无阶级社会的过渡。”又说：“在资本主义社会和共产主义社会之间——这个时期的国家只能是无产阶级的革命专政。”列宁说：“阶级通常是由政党来领导的，政党通常是由稳固的集团来主持的，而这个集团是由最有威仪、最有影响、最有经验、被选出担任最重要职务而称为领袖的人们组成的。”他声称“个人独裁成为革命阶级专政的表现者、代表者和执行者”。陶里亚蒂说：“阶级的专政，必然导致政党的专政，政党的专政，必然导致集团乃至个人的专政。”陈独秀在《我的根本意见》中说：“所谓无产阶级独裁，根本没有这样的东西，即党的独裁，结果也只能是领袖独裁。”

二、谈谈我对中国国家历史的研究

我在 20 世纪 50 年代后期，从发掘元君庙开始，即研究史前的社会组织，至 1986 年，写成《中国父系氏族制发展阶段的考古学考察——对含男性居本位的合葬墓墓地的若干分析》止，认识到中国史前社会的社会组织的演变，经历了母系→母权→父系→父权。1989 年，我开始思考中国专制体制的历史土壤问题，开始研究中国文明起源、形成及走向秦汉帝国的道路，自 1994 年写成《良渚文化的年代和其所处社会阶段——五千年前中国进入文明的一个例证》后，发表了 10 篇文章，得出的认识是：

（一）两类新石器时代文化与两类文明

1. 两类新石器时代文化

一是渔猎—采集型新石器时代文化。

二是种植农业型新石器时代文化。采集的发展，导致谷物生长规律的发现，这一发现，导致产生种植农业。以种植农业是否成为居民食物的主要来源，将这类新石器时代文化分为两个阶段。当种植农业成为居民食物的主要来源时，则踏上了走向文明的旅程。

2. 两类文明社会

一是牧业型文明。牧业型族群产生的途径：农业型族群的转化和文化；渔猎型族群的演变发展。

二是种植农业型文明。种植农业型文明才可能演变为工业文明，工业文明才可能转化为信息文明。为什么？

（二）种植农业型或中国文明或国家的旅程

1. 现代中国是历史中国的发展

现代中国是以汉族为主体的中华民族国家，现代中华民族是以汉族为主体的中华民族，现代中华民族文化是以汉文化为主体的中华民族文化，现代中国的历史是以汉族为主体的中华民族历史。这四个“现代”形成于秦、汉，在西周已初具规模，可以溯源于新石器时代。由于中华民族的诸民族文化与历史发展不平衡，自西周开始，中国就实行一国多制的政治体制。故这里讲的种植农业型或中国文明或国家的旅程，实际上或主要是汉族文明或国家的演变过程。

2. 应认真理解和沿着“国之大事，在祀与戎”的思路，去探索中国文明或国家起源、形成及其旅程

第一，这是中国古人的认识，比较接近中国的历史实际。

第二，这一说法和马克思、列宁、毛泽东相通。“祀”延伸的含义是意识形态，“戎”延伸的含义指的是军权。列

宁说：“国家是一个阶级压迫另一个阶级的工具。”“枪杆子里面出政权”，毛泽东说，“从基础到上层建筑实行全面的无产阶级专政”。他们所说的国家都是专政或专制的国家。

第三，“祀”“戎”“王”之关系。①“祀”是搞敬天崇祖为核心的多神教的祭祀。演变过程是通神权到由专人掌握（参见2004年紫禁城出版社出版的《中国考古学：走向与推进文明的历程》第322页（三）之（3）内容）。②“戎”是指兵器、军旅、征伐、战争，即司管军事，简曰军权的演变过程。③“王”。甲骨文、金文的“王”字是钺的象形，故一般误为军权等于王权，军权到王权是一个发展，其间存在一个过程。④信仰世界和现实世界的关系。⑤考古学的标志。

3. 文明起源时代

一是半坡文化时期。二是西阴文化时期。这个时代比较复杂，中国社会处于不平衡发展时期。

这个时代，已进入父系氏族时代。有的考古学文化，已实行父权制；有的已进入英雄时代，如崧泽文化和西阴文化。前者以东山村墓地为代表，后者以灵宝西坡墓地为代表，均表明进入了英雄时代；有的已进入神王之国，如含山凌家滩墓地。

4. 神王国时代

第一，时期：半坡四期文化—泉护二期文化、花厅期—西夏侯期大汶口文化、晚期红山文化、屈家岭文化和良渚文化。

第二，良渚文化的社会特征（参见《中国考古学：走向与推进文明的历程》第 323 页和《良渚文化墓地与其表述的文明社会》）。

5. 王国时代

其一，龙山时期（参见《中国考古学：走向与推进文明的历程》第 324 页）。

其二，夏商时期：①单一的考古学文化居民的国家。②青铜表述的文明。③家族农村公社、王、贵族、平民，宗法制。

其三，西周时期：分封制与一国多制，跨考古学文化居民组成的国家，“夏政”“商政”“戎索”和“疆以周索”（另参见《中国考古学：走向与推进文明的历程》之《我对中国文明的一点认识》）。

其四，东周——王国向帝国的过渡。

6. 帝国时代

①农业国家；②家族认同；③一国多制；④农民革命；⑤分裂与统一；⑥以皇权为核心的统治阶层。

7. 党国时代——现代国家

①以党治国——现代国家。②党国的类型：一党与多党制，专政与民主。③一国多制。

三、恩格斯的民主共和国和国家消亡的思想

恩格斯在《家庭、私有制和国家的起源》中说过：

国家的最高形式，民主共和国，在我们现代的社会条件下正日益成为一种不可避免的必然性，它是无产阶级和资产阶级之间最后决定性斗争在其中进行到底的国家形式——这种民主共和国已经不再正式讲什么财产差别了。

随着无产阶级成熟到能够自己解放自己，它就作为独立的党派结合起来，选举自己的代表，而不是选举资本家的代表了。因此，普选制是测量工人阶级成熟性的标尺。在普选制的温度计标示出工人的沸点的那一天，他们以及资本家同样都知道该怎么办了。

随着阶级的消失，国家不可避免地要消失。以生产者自由民的联合体，按新方式来组织生产的社会，将把全部国家机器放到它应该去的地方，即放到古物陈列馆去，同纺车和青铜斧陈列在一起。

愈益扩大社会，愈益缩小政府职能，与愈益扩大政府平衡和调节社会矛盾的职能，以及愈益使政府成为公民的雇员，国家就将走向消亡，代替国家的将是自由人的联合体。

（写于 2012 年 11 月 9~11 日，11 日成稿，12 日下午在中国人民大学历史学院演讲）

考古学视野下的中国文化论纲

我想讲两个问题：一、什么是考古学视野下的文化？二、考古学视野下的中国文化是什么？

一、什么是考古学视野下的文化？

要搞清楚这个问题，必须搞清楚这样三个概念：

第一，什么是文化？

第二，什么是考古学文化？考古学文化是考古学的研究对象。

第三，考古学文化的文化是什么？

可见考古学研究的是考古学文化所体现的文化与历史。

二、考古学视野下的中国文化是什么？

我想分五个方面说明我的认识。这五个方面是：①凡考古学文化所表述的文化，都是杂种文化；②考古学文化所表述的文化的个性与共性；③从考古学文化角度来看，应怎样理解中国“历史悠久，连绵不断”的问题；④文化多元与文化中心，和文化多元一体到一统多元文化；⑤传统文化与文化走向问题。要了解我对这五个问题的认识，且听我慢慢道来。

1. 凡考古学文化所表述的文化，都是杂种文化

第一，从认识过程讲清楚凡考古学文化所表述的文化，都是杂种文化。苏秉琦多元一体说，张忠培的考古学文化的文化的文化谱系结构说，到广州演讲的杂种文化说。

第二，凡杂种文化，均是文化杂交的产物。文化杂交的途径：文化交流，静态与动态，族群与地域，移民与迁徙。

第三，文化杂交与文化演进模式：传承、吸收、融合、创新。

2. 文化的个性与共性

第一，共时的考古学文化的文化个性与共性。

第二，同一考古学文化的文化个性与共性。①地域性的个性与共性。②同一族群的诸阶层的个性与共性。③递进的历时的考古学文化的个性与共性。

3. 对中国“历史悠久，连绵不断”的认识

其一，中国是以汉族为主体的多民族，即中华民族国家，因此，我们只能从中华民族中各民族来讨论这个问题。以此为视角，“历史悠久，连绵不断”，基本上只适用于汉族。

其二，中国是地域广大的国家。从地域观察，“历史悠久，连绵不断”基本上仅适用于汉族聚居的地区。但汉族是人口和地域于历史上不断扩大的民族，故“历史悠久，连绵不断”只适用于汉族，尤其是其族源生成地域。大而言之，则包括黄河流域、长江中下游和西拉木伦河，小而言之，则是所谓中原地区。

其三，就汉族历史言之，可分为两段：

第一段，西周之前，则存在如下几类情形：①族群及文化呈更替式断裂；②族群分化，文化连续；③族群更替，文化连续。

第二段，西周以后，历史经历两段，即西周封建和秦汉帝国，汉族以族群杂交和文化“传承、吸收、融合、创新”不断扩大人口和文化内涵，同时一些民族又以文化与族群认同加入汉族，故使汉族成为文化与族群的大杂种而不断发展起来。从这里，我们看到政治一统所起的重要作用。

4. 文化多元与文化中心和文化多元一体与一统多元文化

第一，仅从文化观之，存在以下几类情形：①可能存在文化多元时代；②可能存在若干文化多元一体时代；③在中国中心地区，存在着单一的文化多元一体时代。

第二，就文化多元与文化中心观察，存在以下几类情形：①存在着无文化中心的文化多元时代。此时代涵盖上述“第一”之①，也可能包含“第一”之②。②存在有文化中心的文化多元时代。这时代涵盖上述“第一”之③，也可能包含其之②。

第三，据文化与政权关系观察，存在以下几种情形：①同一考古学文化并存若干政权，尧、舜、禹禅让便是；②同一考古学文化族群组成单一政权。夏、商便是；③同一政权下的文化多元。此经历两个阶段：西周封建；秦汉帝国。

5. 关于传统文化与文化走向问题

第一，传统文化与文化走向是文化进程中存在的永恒矛盾。文化“传承、吸收、融合、创新”是化解矛盾、推进文化发展唯一正确的途径。

第二，专制是传统文化的要旨。

第三，不能混淆民主与民本思想。民本思想是王权本位，或皇权本位，或官权本位思想体系的良性延伸，是传统文化中的优秀文化。“群众路线”仅是民本思想的体现。

第四，自由、民主、平等、博爱是中国文化的走向，是中国文化的前途。

（2012 年 10 月 25 日上午小石桥初稿，2012 年 11 月 7 日下午小石桥修改稿）

在“中国文明起源与形成学术研讨会”开幕式上的发言

这次我们开的这个文明起源和形成的学术研讨会，要我来参加。我第一呢，是好好听听这个会，了解近些年来文明起源和形成研究取得的成果；第二，我希望我们的这个文明起源一定要扎扎实实地站在考古学的立场，研究好文明的起源和形成。就是要从考古学的资料里面、考古学的发掘和发现的成果中，提出我们文明的起源、形成和发展的界说性的现象，以及一些重要的遗存，进行实实在在的研究；第三，我希望我们的文明的起源和形成不仅仅停滞在考古学的层面，还要走向历史学的层面，走向社会学的层面。

文明是什么？恩格斯说过："国家是文明的综合。"这句话反过来：文明的综合就是国家。国家，它的产生要有一定的历史条件。例如，得在一定的社会阶段、一定的文化积淀，才能产生国家。国家产生以后，又要经历过不同形态。例如，在我们的世界上，就呈现出既有专制国家，又有民主国家，究竟是专制国家在前，还是民主国家在前？那又涉及国家的形态、发展的规律。中国自从产生国家以来，也不是一个形态。就我个人研究来说，就是经过神王之国、王国、帝国，到辛亥革命后出现党国。它经过的形态逐步扩大，有一定的规律。也就是说，国家既有其产生的条件，产生的条件也是凌驾于社会之上的。那么在什么时候有了转化为另外一个形态的国家的条件？在转化中，马克思和恩格斯在《共产党宣言》里说过，实现自由人的联合体，就是走向国家消亡。恩格斯在他的《家庭、私有制和国家的起源》的最后一部分中，引证了大段的摩尔根的内容，意即未来的社会，我们应该追求自由、民主、平等和博爱，那就是国家消亡了。国家有产生、有发展，有各种不同的形态：专制国家有不同的形态，民主国家也有不同的形态，然后要走向消亡。消亡是什么意义？消亡是不是自由的联合体它有这种组织结构，国家有这种组织结构，这些问题我们考古学家不一定都能回答，但我希望我们在研究过程中要有这个知识背景，要有这个考虑，要有这个宏观的驾驭。另外，不同的经济形态也产生不同的国家，例如在我们国家就有农业型的国家，农业社会产生的国家，还有像匈奴人的牧业社会产生的国家，这些我们都要研究。我们现在花的精力，主要是研究农业型的这种文明形态和国家，这个问题我们在这里不展开谈了。因为，这些问题我都不可能研究了，这个问题寄望于在座的比我年轻的一些朋友在这些方面做努力。我祝大会圆满顺利！祝参加会议的各位学者身体健康！谢谢！

第一，我认为先有宗教世界的不平等，后才有现实世界的不平等，不是宗教世界的不平等是现实世界的不平等的反映。因为人的意识形态，它不但要反映人类社会，它还要反映包括人类社会在内的自然界。自然界就是不平等的，就是弱肉强食。所以，我们就认为，先有宗教世界或者信仰世界的不平等，后来才有现实社会的不平等。宗教或者信仰世界的不平等，在人类形成文明世界的时候，就是现实世界不平等的时候，是起了促进和推动作用的。

第二，我们怎么去看？大家一般都知道恩格斯的这句话，“国家是文明社会的综合”，那么反过来，文明世界的综合就是国家。国家在这个翻译上，实际上是政权，不是我们所说的人、地理范围、人口这样一个国家，而是一个政权。这个政权区别于史前社会的社会组织，它是一个社会组织，这种社会组织是人类社会的发展和人类社会的文化的沉积，沉淀到一定阶段的产物。所以说，我们要研究文明的起源和形成，那么，我们就要承认，这种社会组织是在什么样的情况下产生的，为什么是在这个时候产生的。这个问题主要抓住列宁和马克思的一些定义，刚才有很多同志、朋友在这里都说了关于列宁的定义，我记不清楚了。我想起了三句话：第一句话，他说国家是阶级矛盾不可调和的产物；第二句话，国家的出现是为了使社会不同的阶级免于在斗争中各自同归于尽，为了出现一个貌似公平的国家，这是他的第二句话，就是说国家是起一种社会的调节器作用的政权；第三句话，关于国家的本质，国家是一个阶级压迫另一个阶级的工具。

这个马克思、列宁关于国家的说法是否适用于中国呢?我想它是适用于中国的，为什么说它适用于中国呢？中国古书上就说了，“国之大事，在祀与戎”，那就是说，我们怎么观察国家，要从“祀”和“戎”入手，也就是从神权和王权来观察国家的起源和形成。那么，神权，我们刚才说了，很早就有神权,就有宗教,有信仰,那么它只是要发展到一定阶段，什么样一个阶段？我认为，就是要成为一种权力，而且掌握这种权力的人，要对于这种信仰和宗教予以垄断，予以世袭，这才可能进入国家。同样，军权就是军事指挥权，不是说有军权了就是进入国家，而是军权刚开始它就是为了战斗的需要，最初就是选举军事领袖，后来变为一种垄断的权力，成为世袭，这两个东西一碰面一结合就产生了政权，也就是说出现了王权。掌握军权的人或者掌握神权的人，他是要管理过去氏族组织的民事工作，不仅是管宗教，而是作为一个当时社会的一种管理、一种调节器，这才可能进入国家。苏秉琦先生和我本人从来就把文明起源和形成看为两个阶段。这个起源不是说从人类一开始就谈文明起源的，需要发展到一定阶段，这个阶段，我相信它应该是这么来假设，就是说出现了兵权、指挥权，但还没有形成王权。这个界标怎么划？我觉得要考虑。信仰权、宗教权要发展到一定阶段，考古学如何掌握这个标志？这是我们需要掌握的。

第三，我把我的关于文明研究的一些文章概括一下。我认为到目前为止，我们的国家的这个组织形式，这样一个政权的形式，经过了四个阶段，首先就是神王之国，良渚社会就是这么一个国家，就是这么一个政权。这我在 20 世纪 90 年代（大概在 1994 年），就写了这个文章。什么时候出现？那良渚社会年代的上限是公元前三千二三百年前，它的下限不能晚过公元前二千六七百年。这是良渚社会的年代，它是神王之国。后来神王之国至少在夏纪年里，在夏代的时候就进入王国，有可能从龙山时代就出现了王国。那么，王国又分为两个阶段，夏商是一个阶段，这个时候的国家是单一的考古学文化，是居民的国家，是排他性的殖民扩张，凡是夏商所在的地方，所扩充的地方，原来的平民都没有，这我在 20 世纪 90 年代就与乔梁和朱延平写过一篇文章，谈关于陕晋地区夏商文化的结构。周人开始建立的西周政权，它是实行封建的，它是对外扩张的殖民统治，是包容了当地的考古学文化或者包容了考古学文化所表述的族群。例如，燕就有三种居民，有商人，还有夏家店下层文化的居民的后裔；齐，它所统治之内、所概括之内还包含了珍珠门文化的居民；晋，虽然它是分封的国家，但是，晋是以一种陶鬲随葬，与周原地区和西安这些地方，随葬的陶器组合是不一样的，而且，它有一种陶器是本地的传统，也就是说还有本地的居民纳入这里。这个很重要，就是这个国家涵盖了不同文化的居民，这我就不具体地说了。后来我们的秦汉帝国继承了周人这个传统。

所以，如果说我们在以前从考古学文化来看，从文明来看，是多元论，或者叫多元一体，或者叫多中心说。那么，从西周开始，我们就涵盖了一个版块，就是一统多元。到了秦汉，就全面地实行了一统多元，就是政治一统，在这个国家之下形成了多元文化，这是中国之所以能发展到这么一个传统，即这么一个不同的居民，不同民族的居民涵盖在一个国家里面，有个很重要的原因，就是中国不是单一的民族国家。第三个阶段是帝国，帝国从秦汉时候开始，实行郡县制，社会结构我在这里不仔细谈了。到了近代，西方传进来，我们就出现了党；辛亥革命我们就进入了党国时期。党国时期，以党治国在世界上有不同的形态：在西方，它以党治国是实行民主制，就是多党制，是选举，是全民国家；中国，我们自辛亥革命开始，是一党专政。为什么是这样，也有它的历史背景，有它自身的历史发展的客观原因。那么，所以党国，以党治国，那是比起以前的任何上古时代都有所进步的，它是靠着意识形态的理念来产生国家。从马克思开始，那个时候就已经出现了另外一种国家，就是资产阶级的民主国家，那也是以党治国，但是它不强调专政。马克思主义为什么搞出这样一个国家，他强调专政、强调国家是一个阶级压迫另外一个阶级的工具。这里我可以念两段话。马克思自己说过：“在资本主义和共产主义社会之间，这个时期的国家只能是无产阶级革命专政，我的新贡献就是证明了下列几点：阶级的存在仅仅同生产的一定阶段相联系；阶级斗争必然导致无产阶级专政，而这个专政不过是达到消灭一切阶级和进入无阶级社会的过渡。”他是希望经过这么一个过渡，而进入到他在《共产党宣言》里面谈到的自由联合体。因为国家只是社会发展到一定阶段，不是社会一定要有国家，是先有社会，然后有国家，那么，马克思就设想在一定时候是没有社会、没有国家的。列宁说得更清楚，他说：阶级通常是由政党领导的，政党通常是由稳固的集团来主持的，而这个集团是由最有威信、最有影响、最有经验、被选出担任最重要职务而成为领袖的人物组成的。他说，个人独裁成为革命阶级专政的表现者、代表者或执行者。由于他强调专政，他才说了这个事。毛泽东说，领导我们事业的核心力量是中国共产党，指导我们思想的理论基础是马克思列宁主义。毛泽东说，枪杆子里面出政权。那么，我们现在怎么向无国家的或者国家性质发生变化的这么一个社会过渡呢？那就是要扩大，所谓不断地扩大社会，把社会做大，国家管的事情要缩小，我们相信我们一定会走上这条道路。所以，我们研究国家，我们要研究国家的起源、发展，以及未来的演变，这才是我们考古学者的胸怀。谢谢大家！

我对考古学文化的文化的认识

一、什么是考古学文化？
考古学文化的文化又是什么？

1. 什么是考古学文化

考古学文化，实际上是对考古学遗存和类型进行划分的一个概念。这个概念是从西方传进来的，是夏鼐先生从英国考古学家柴尔德那里引介过来的，他的概念，就是划分遗址与遗存的一种单位。考古学文化是一种分类的概念。考古学研究的遗存，既存在地域的区别，又存在时间的分别。对考古学遗存进行分类，就产生了考古学文化的概念。考古学文化遗存，既存在着一定区别，又存在着相同的共性。这就是考古学遗存的两重性。如何处置考古学遗存自身存在的两重性？考古学家用考古学文化这一概念或术语，来划分或界定既相互区别、又具有共性的考古学遗存，即将一类具有共同文化特征、分布于一定区域和存在于一定时间的考古学遗存，称之为考古学文化；将另一类具有共同文化特征，分布于一定区域和存在于一定时间的考古学遗存，归于另一考古学文化。所以，考古学文化是依照考古学遗存自身情况，将其聚类、分类的考古学概念或考古学术语。

考古学文化肯定是人创造的，相同时间、相同地域具有共同特征的同一类考古学遗存，一定是一个人们共同体创造而留存下来的。这种遗存的背后，肯定是特定的族群。所以，考古学文化是一定的人们共同体或族群于一定的历史时期于一定的地区留下的考古学遗存。这种人们共同体或族群，与现代所谓民族，或古人所称的某一族，是否相同，则需要具体分析，才能做出是与非的肯定，或其他的答案。就目前商周考古来说，最先是在殷墟发掘的，根据发掘的材料，确定了殷墟代表着盘庚迁殷之后，商人的族群。后来，20 世纪 50 年代初期，又发现了二里冈遗存。根据类型学比较，邹衡先生及其他考古学家，都认为二里冈遗存是殷商的前身。20 世纪 70 年代末至 80 年代初，邹衡先生提出了一个很著名的观点，郑州的商代遗存，所在的那个地方，是由商汤建立的；郑州商城，是商汤灭夏之后建立的。这个界标确定之后，就可以明白，二里冈遗存的下层，就是先商。这就往前推到汤灭夏前的先商文化。这就确立了商从先商到早商到晚商，商人的文化谱系就建立起来了。考古学研究的商文化的遗存，就具有古人所说的族群意义。其最重要的特征，就是陶鬲，叫作商式鬲。考古学家就进一步研究，分布于泾水、渭水流域的遗存，就是周文化，也分为先周、早周和周，就是周人创造的文化。有了先商，就是和夏桀以前的二里头文化相对应的，从而基本确定了二里头文化的时间与空间范围，也就找到并确定了夏人的文化，这就是二里头文化。

这样，考古学使用考古学文化这样一个概念，通过聚类和分类等方法，就与古人的夏、商、周文化基本上相对应起来。那么，其他的考古学文化是否就等同于一个族群呢？这还需要研究。尽管如此，我们还是可以形成这样的概念：任何考古学文化，一定是由一定的族群所创造的。至于这个族群，是不是就是文献记载中所见的某一个族，还需要做进一步的研究分析。

2. 考古学文化的文化又是什么?

考古学文化的文化，这个概念，是我最近几年提出的，它不是考古学文化。我说的考古学文化是一种分类概念，是已经被分类的；而我所说的考古学文化的文化，是指考古学家从已界定的考古学文化中观察到的物质文化和物质遗存所表述的，也就是历史上一定的人们共同体或族群创造的精神文化，而能从考古学文化中观察到的物质文化和精神文化。

比如陶器、生产工具、墓葬、房屋所体现出来的物质文化，以及由这些物质所体现出来的精神文化。我们看到早周的陶器，拍一张照片；看到晚商的陶器，也拍一张照片；一张张照片，我们把这些照片联结起来，就是幻灯片。看它们的变化，思想上一思维，它就动态了，就形成了一个电影，这个电影是动态的，形态在不断变化中。这些形态及其变化和人有关系。

比如说，先商的陶器，是三条腿，联结在一起；再去看早商的陶器，二里冈的陶器，它就是一个筒状的东西。好，这就是我们知道的一个动态的演变过程。人用自己的思想方式，给考古学文化要素的演变以一个解释，这就是文化，也即考古学文化的文化。

二、考古学文化的文化均呈一元为主的多元文化的谱系结构

任何考古学文化都是杂种文化。血亲和姻亲所产生的亲属关系，乃是人类亲属关系的总和。民族学、文化人类学谈人类亲属关系，就是谈血亲与姻亲。林耀华先生做凉山彝家的调查，搞出来一个亲属表，这个亲属表，在世界民族学上，也是有影响的。最早研究亲属关系的，应当是摩尔根，他主要从亲属称谓，来推定古代的亲属关系。

由传承、创新与创造，以及因交流而出现的吸收、融合所产生的文化，也是考古学文化的文化的总和。文化是怎么来的？一个是传承、创新，一个是吸收、融合。比如，老官台文化发展出来的半坡文化的文化，就其文化谱系来说，一是传承了老官台文化的一些因素，例如绳纹钵、罐。二是创新出来许多新的文化因素，例如弦纹罐、小口尖底瓶和盆，

以及相当发达的彩陶。三是在与后冈一期文化的交往过程中，又吸收了后冈一期文化的因素，例如蒜头小口尖底瓶、蒜头小口壶。通过传承、吸收、融合、创新所产生的不同文化谱系的文化，构成了半坡文化的文化的总和。

苏秉琦先生在1975年，用他创立的考古学文化的区、系、类型的理论与方法，对中国腹地的史前文化进行了系统的研究，提出了中国考古学文化的“多元一体说”。何谓“多元一体说”？我的理解是：中国考古学文化的起源与演变，也就是其源流，是多元的。这不同“元”的诸共时的考古学文化，又相互进行文化的碰撞与交流，相互吸收，借用彼此的一些文化因素，形成“你中有我，我中有你”的共性文化因素，使多元化的文化呈现一体的现象。

我从苏秉琦先生的理论出发，朝前思考，认识到这一体中的各元文化的文化谱系结构，也当是多元的；多元一体的每一个元，也是多元一体的。这就是反向思维。多元的文化是多元一体的，多元一体的每个元，也是多元一体的。只有这样，才能使中国考古学文化呈现出多元一体的文化现象，使苏秉琦先生得以提出中国考古学文化“多元一体说”。

苏先生是在1975年提出“多元一体说”的。1984年夏天，我在湖南，比苏先生晚了九年，才从这个方面，理解了这个问题。1984年夏，我在湖南、甘肃的演讲时提出了这一认识，并写成了《研究考古学文化需要探索的几个问题》的文章。在这篇文章中，我写道：

本文的目的，不是系统阐述我国文化的传播与迁徙的历史功过，而仅是借此指出文化传播和迁徙是广泛存在的历史事实，在它的作用下，考古学文化之间出现了大量的文化渗透、借用、融合、同化和考古学文化的分化，使任何一种考古学文化成了不同谱系的多元结构。即不同谱系的文化因素，结合成统一的考古学文化。这些文化因素，可以通过和前后左右考古学文化进行类型学比较分析，而被解析出来，明晰其源流。它们在考古学文化中的多少、主次有别，地位不同，各自对对方既有吸引力，又有排他的倾向，彼此既存在融聚力，又存在拆离的倾向，竞相发展，使考古学文化成了以主流为代表，又包容其他文化因素乃至新旧成分的统一与矛盾的有机体。不管创造考古学文化居民的主观意志如何，从客观实际看，正像民族学所研究的亲属关系可分解成直系和旁系，以及血亲及姻亲那样，考古学文化也是一个开放系统。

任何学科的研究方法，只要是科学的，都是人们对该学科研究对象的联系、制约及其运动规律的认识、把握和运用。既然考古学文化是多元的谱系结构，那么，谱系分析就成为按考古学文化的本来面貌，来观察、研究考古学文化的一个重要方法。

考古学文化成分分析的含义，就是谱系分析。没有谱系，就没有文化成分分析。只有有了谱系，以谱系的观念，进行文化成分的分析，才是科学的分析。

所以，早在20世纪80年代前期，我就已提出这样两点认识：其一是认识到，任何考古学文化的文化，据其文化谱系来说，都是以主流因素为代表，又包容其他文化因素，乃至新旧成分的统一与矛盾的有机体，而考古学文化的文化是一个开放系统。其二是提出了应当用考古学文化的谱系分析的方法，来观察、研究考古学文化的文化。

我对考古学文化的文化的思考，并未于此止步。在随后的研究中，我进而将史前考古文化区，区分为“历史考古学文化区”和“亲族考古学文化区”。同时，在中国的某些地区，例如东北地区，呈现出来的这样两类考古学文化区的现象，可以延续到当地的青铜时代乃至燕、秦将东北地区纳入其版图之中的前后时期。另一个方面，我还思考文化与政权之间的关系。我曾经说过这样的话：我国走过的道路，是从史前的文化“多元一体”，经过西周的封建，至秦汉帝国，实现了“一统多元”。这里说的“一统”，是政治、政权的一统；这里说的“多元”，是指文化多元。文化多元中的各元文化，也是多元一体的，或是一体多元的。到了近代，我们以中华民族和中华文化来概称中国境内的诸民族和这诸民族的文化，以表述中国境内诸民族的文化是多元一体的事实。

第三个方面，为了通俗起见，我将一元为主的多元的文化谱系结构成的考古学文化，称之为杂种文化。并进而认为，不只是考古学文化之文化，凡是文化，绝无纯种文化，都是杂种文化。杂种文化的发展或创新，不能单独传承，还需要吸引其他文化的优秀成分，丰富自己的文化，通过融合，才能实现文化的创新。“传承、吸收、融合、创新”应是文化演进的规律。通俗点讲，是杂种文化实现创新所必需的文化杂交之道。

三、传承、吸收、融合、创新
是考古学文化的文化更新之道

道是一种方法，是一种道路。

1. 考古学文化之文化更新的方式

考古学文化之文化的更新，就其与族群的关系来看，有如下两种形式：

其一，同一族群的考古学文化之文化的更新。又分为三种类型：

一是历时的单线文化的演进。例如长江中游的边畈文化→油子岭文化→屈家岭文化→石家河文化。

长江下游地区的马家浜文化→崧泽文化→良渚文化。

黄河下游地区的后李文化→北辛文化→后冈一期文化→刘林期大汶口文化→花厅期大汶口文化→西夏侯期大汶口文化→龙山文化→岳石文化。我这里讲的是我自己的说法，一般将大汶口文化分为三期，刘林期、花厅期、西夏侯期，实际是每期单独成为一种文化。

渭河流域的老官台文化→半坡文化→西阴文化→半坡四

期文化→泉护二期文化→荆村文化→客省庄文化。

这里所说的谱系，经过了长期的摸索。刚才我谈到，北京大学考古学的发展，有三部曲，其中第二部曲，就是华县与渭南的发掘与调查。1958~1959 年，在那里实习的同学，任式楠、李伯谦、张文彬等，都经过了考古学实习的训练培养。

二是历时的演进为不同的考古学文化。例如荆村文化，先后在不同地区，演进为客省庄文化和三里桥文化前身的东关文化。

三是同一种文化，同时分化，在不同地区、同一时间，分化、演进为不同的考古学文化。如西阴文化（我所谓的西阴文化，主要是指庙底沟类型，也可称为庙底沟文化），往后的发展，便分别在不同的地区有所不同，在甘肃、青海地区演变为马家窑文化，在宁夏和甘肃的渭河上游地区演进为菜园子文化，还有半坡四期文化、庙子沟文化、义井文化、秦王寨文化和大司空文化。从黄河上游一直到华北大平原。

其二，不同族群的考古学文化之文化的更新。

不同族群的考古学文化的文化更新，例子很多，典型的例证是夏、商、周、秦的考古学文化的文化更新。就其政权实现的政策所导致的考古学文化的文化结局来看，又可以分为两种类型：

一类是夏、商两个王朝，均为单一的考古学文化族群的国家，推行的是驱赶异己考古学文化族群，夺取其土地、物资的殖民政策，排挤异己考古学文化族群，摧残异己考古学文化。而在灭亡前一个文化族群的同时，又能吸收其优秀或先进文化，更新和壮大自己的文化。

第二类是周、秦，基本类同。周人推翻了商王朝后，吸收了商人的先进文化，更新和壮大自身文化，周人建立的周王国，实行封建，践行以周族为主，同时容纳多种考古学文化族群于一国之内的政治体制，畅通了一国之内诸考古学文化族群之间的经济、文化交流，至西周晚期，形成了略带地域特色的全国基本相同的华夏文化，呈现出孔子所称赞的“周监于二代，郁郁乎文哉”的繁荣的文化格局。

一个国家，包含着多种文化，这种格局，不开始于商，更不开始于夏，而开始于周。这个传统非常重要。我们是多民族国家，有一些问题，有民族歧视、压迫，但大的方向还是一统多元的道路，这是历史形成的。以汉族为主体的、容纳不同民族的这样一个国家，在一个国家政权之内，进行民族交流、融合、碰撞与创新。

2. 不同形式的考古学文化的文化更新，均遵循“传承、吸收、融合、创新”之道

具体地说，不同形式的考古学文化的文化更新，怎样遵循“传承、吸收、融合、创新”之道，以实现考古学文化的文化之更新呢？下面举例加以说明。

其一是秦王寨文化演进为荆村文化。

通过河南禹县谷水河遗址的秦王寨文化的遗存，与荆村文化 H1 陶器的比较，可知这两个单位是共时的，都属于泉护二期文化时期（图一～图三）。为什么是共时的呢？这从类型学一比，就知道了。

据图一之 11 与图二之 13，图一之 1 与图二之 1，图一之 6 与图二之 2，说明这两个单位是共时的，年代相当于泉护二期文化时期。

鸟形鬶（图一，2）是从山东来的，吸收了大汶口文化的因素，将大汶口文化这一重要的新因素融入秦王寨文化之中，成为自己的一种文化成分。这种融合自然是一种创新，为一种文化。

图三之 14 这件釜形斝器身的形态，基本同于图二之 1 这件釜形鼎。釜形斝的空三足借用了鸟形鬶的空三足，将釜形鼎改造为釜形斝，实现了由秦王寨文化向荆村文化的演进。文化演进是最大的创新。

可见，文化的演进是靠“传承、吸收、融合、创新”的途径进行的。

第二个例子，是荆村文化在不同时期、不同地区分别演进为客省庄文化和东关文化。

其一，荆村文化向客省庄文化的演进。我在《黄河流域空三足器的兴起》一文中对荆村文化斝、鼎做了排序（图四）。

荆村文化在不同时期、不同地区演变为不同文化。第一种，演变为客省庄文化。案板三期（图五）、浒西庄遗址（图六），

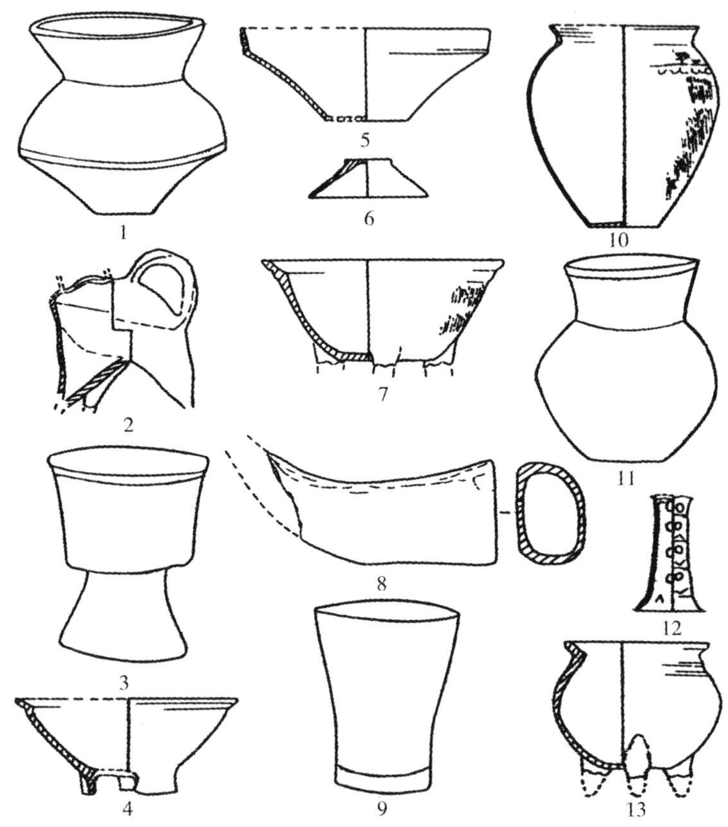

图一　谷水河遗址Y1出土器物

1. 壶（Y1:35） 2. 鸟形鬶（Y1:72） 3. 杯（Y1:8） 4. 三足器（Y1:22）
5. 钵（Y1:21） 6. 器盖（Y1:20） 7. 盆形鼎（Y1:16） 8. 角杯（Y1:74）
9. 杯（Y1:52） 10. 罐（Y1:1） 11. 壶（Y1:15） 12. 豆柄（Y1:73） 13. 罐形鼎（Y1:5）

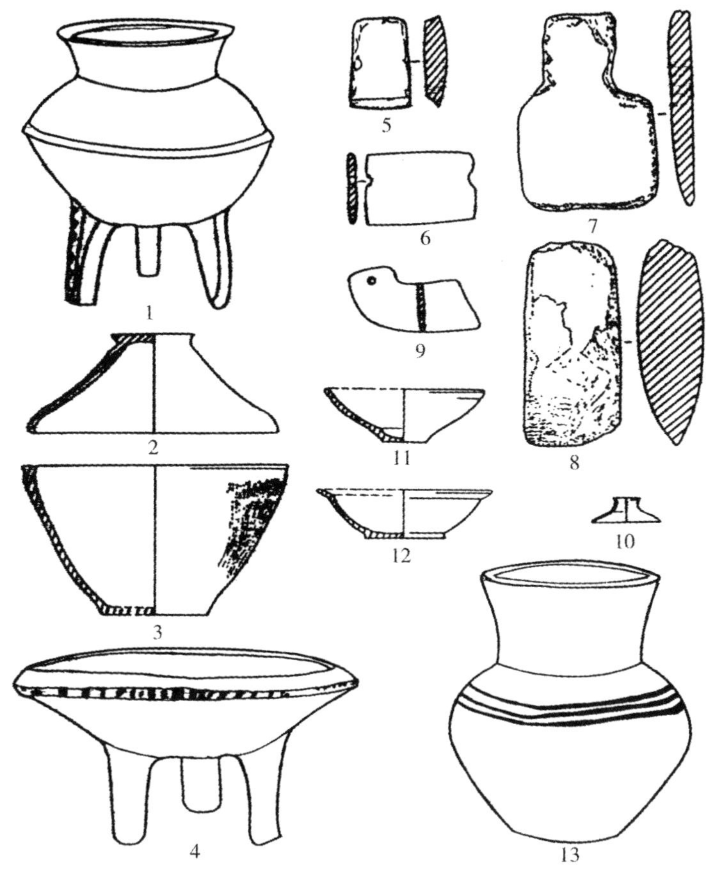

图二　谷水河遗址H2出土器物

1. 釜形鼎（H2∶3） 2. 器盖（H2∶18） 3. 盆（H2∶29）
4. 盘形鼎（H2∶10） 5. 石锛（H2∶23） 6. 石刀（H2∶19） 7. 有肩石铲
（H2∶33） 8. 石斧（H2∶26） 9. 石璜（H2∶24） 10. 器盖（H2∶11）
11. 钵（H2∶27） 12. 盆（H2∶7） 13. 彩陶壶（H2∶8）

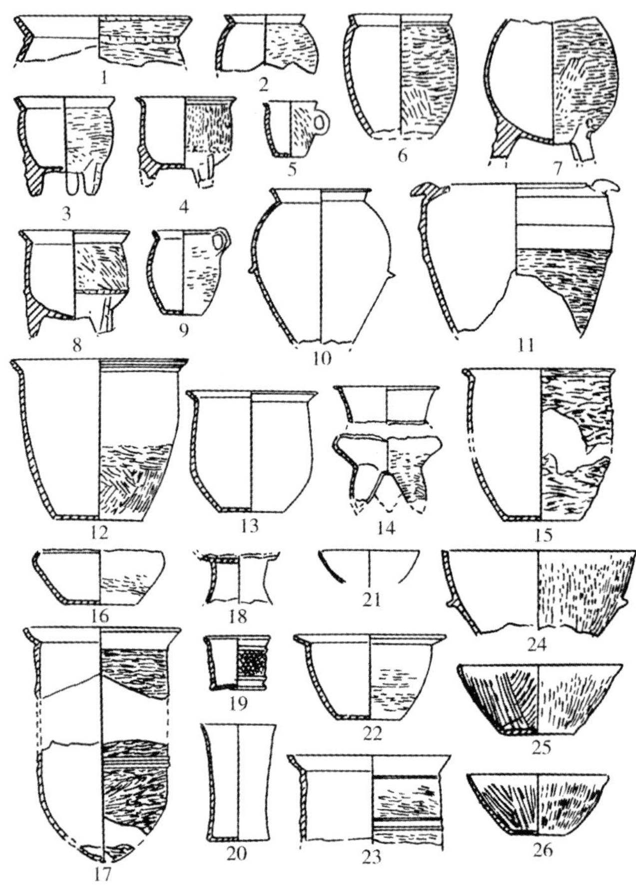

图三　二里头遗址H1陶器

1、2、6. 深腹罐（H1 ：33、H1 ：20、H1 ：16） 3、4、8. 盆形鼎（H1 ：8、H1 ：6、H1 ：7） 5、9. 单耳罐（H1 ：11、H1 ：12） 7. 罐形鼎（H1:30） 10. 圆肩长腹罐（H1:13） 11. 敛口瓮（H1:35） 12、15. 大口罐（H1:1、1:39） 13. 尊（H1:3） 14. 釜形斝（H1:29） 16、21. 钵（H1:10、H1:53） 17、23. 缸（H1:22、1:21） 18. 豆（H1:24） 19、20. 杯（H1:25、H1:9） 22、24. 盆（H1:2、H1:15） 25、26. 刻槽盆（H1:4、H1:5）

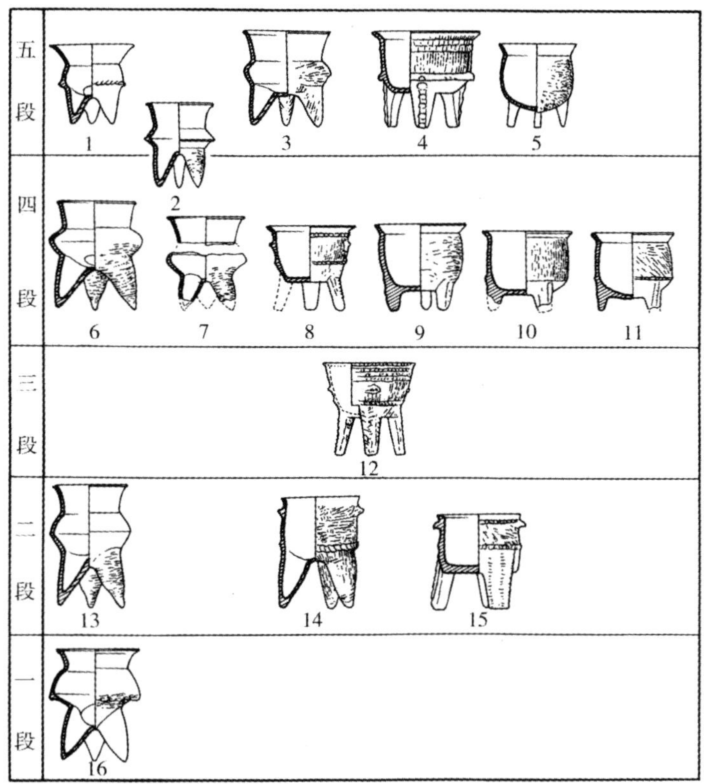

图四 《黄河流域空三足器的兴起》中荆村文化斝、鼎排序

1. 垣曲古城东关（Ⅰ H91∶1） 2、3、5. 登封北沟（H1∶9、H1∶8、H1∶10）
4. 垣曲丰村（T212∶3C∶10） 6、8. 垣曲古城东关（Ⅰ H251∶62、Ⅰ H251∶43）
7、9~11. 偃师二里头（H1∶29、H1∶8、H1∶6、H1∶7） 12. 太谷白燕（F14∶40）
13、14、16. 武功浒西庄（H33∶16、H33∶21、H8∶4） 15. 扶风案板（H20∶46）

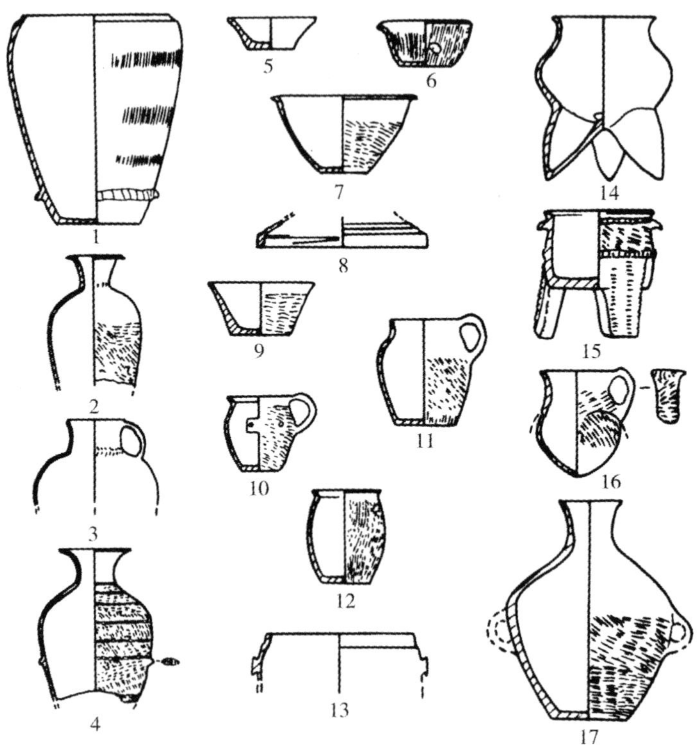

图五　陕西扶风案板遗址荆村文化H20陶器

1. 瓮（H20∶55） 2、4. 瓶（H20∶59、H20∶61） 3. 单耳壶（H20∶60）
5、9. 碗（H20∶39、H20∶40） 6. 匜（H20∶38） 7. 盆（H20∶48）
8. 器盖（H20∶54） 10、11. 单把罐（H20∶40、H20∶44）
12. 深腹罐（H20∶62） 13. 子母口器（H20∶56） 14. 罐形斝（H20∶37）
15. 盆形鼎（H20∶46） 16. 单把罐形釜灶（H20∶43） 17. 双耳壶（H20∶42）

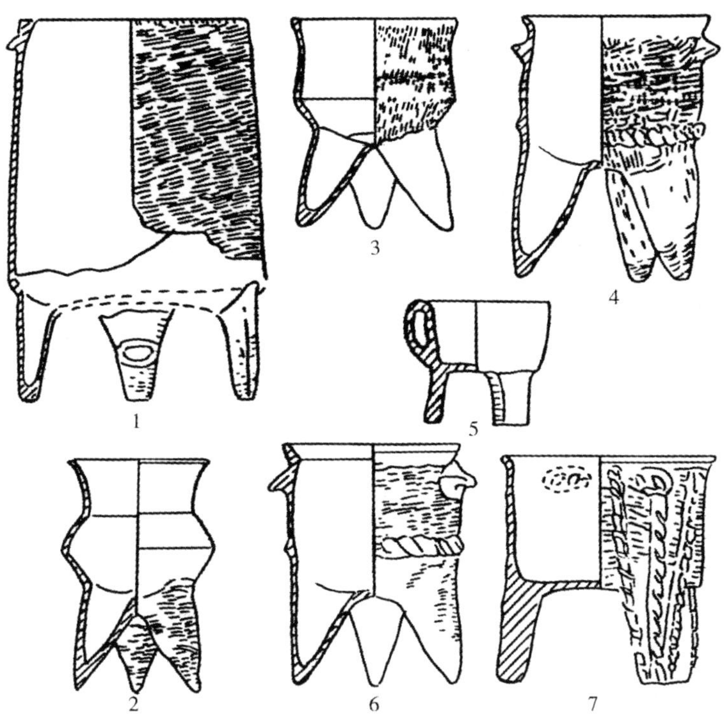

图六　陕西武功浒西庄遗址荆村文化陶器

1. 瓮形斝（H33：17）　2. 釜形斝（H33：16）
3. 直口盆形斝（H33：4）　4、6. 盆形斝（H33：21、H29：3）
5. 单耳杯形鼎（T16③：8）　7. 盆形鼎（T15③：4）

都是荆村文化且同时位于图四所处的二段。

荆村文化的釜形斝的空三足概念继续发酵，实现文化内部的碰撞。将单把罐形釜灶（图五，16）改制成单把宽弧裆罐形鬲（图七，1、5），将渭河流域的荆村文化演进到了客

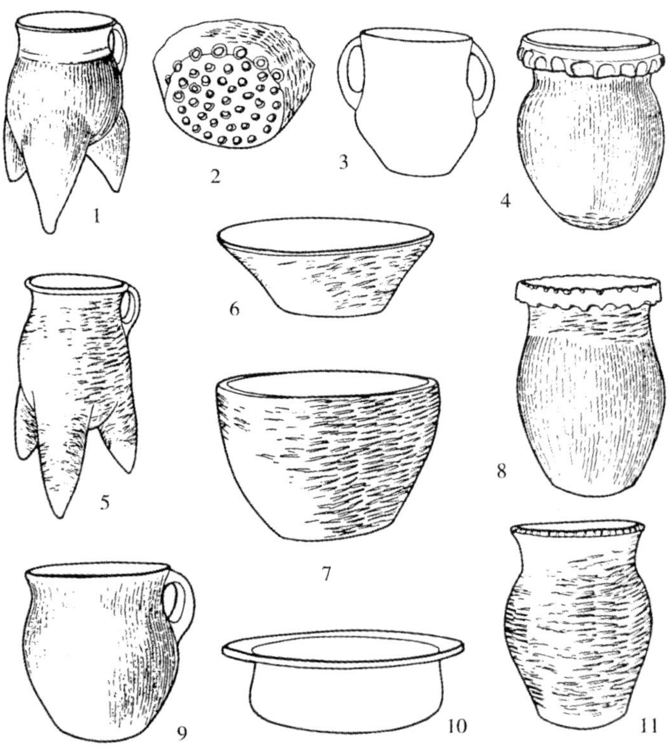

图七 甘肃灵台桥村客省庄文化早期H4陶器

1、5. 鬲（H4：91、H4：23） 2. 甑（H4：32） 3. 双耳罐（H4：27）
4、8、11. 罐（H4：25、H4：24、H4：94） 6. 碗（H4：26）
7、10. 盆（H4：95、H4：96） 9. 单耳罐（H4：93）

省庄文化。时间当紧贴在图四排序中二段之后。

其二，陕晋豫交界地区，荆村文化向东关文化的演进。

山西垣曲古城东关的荆村文化的三期（图八），相当于《黄河流域空三足器的兴起》中荆村文化鼎斝排序图中的四、五两段（见图四）。这三期中均有双鋬手釜灶。图九、图一〇显示的Ⅰ H198、Ⅰ H83器物同属东关文化，且是同时的遗存，其共时性可由双腹盆说明，可见Ⅰ H198釜形斝及双鋬手釜灶和Ⅰ H83中的侧装双鋬鬲也是共时的。侧装双鋬鬲是

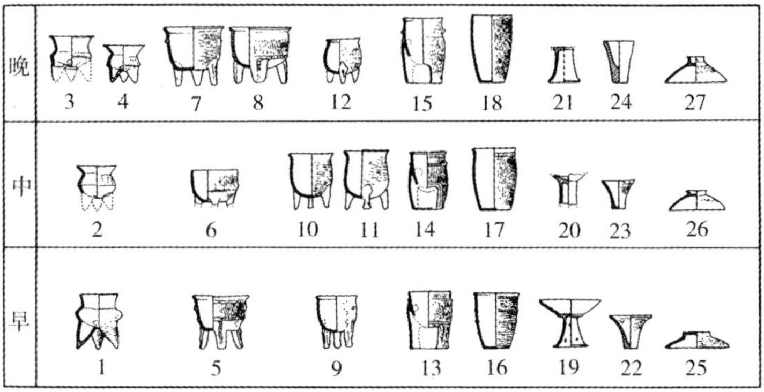

图八　荆村文化分期

1~4. 斝（Ⅰ H251∶62、Ⅰ F6∶25、Ⅰ H260∶37、Ⅰ H91∶1）　5~12. 鼎（Ⅰ H251∶43、Ⅰ H218∶29、Ⅰ H171∶5、Ⅰ H145∶37、Ⅱ H22∶15、Ⅰ F6∶51、Ⅰ H183∶16、Ⅰ H145∶42）　13~15 釜灶（Ⅰ H101∶18、Ⅰ H218∶50、Ⅰ H30∶20）　16~18. 罐（筒式罐）（Ⅰ H216∶24、Ⅰ F6∶22、Ⅰ H110∶33）　19~21. 豆（Ⅰ H266∶4、Ⅰ H169∶12、Ⅰ H252∶165）　22~24. 喇叭口杯（Ⅲ H11∶6、Ⅰ F7∶20、Ⅰ H145∶53）　25~27. 器盖（Ⅰ H101∶43、Ⅰ H34∶7、Ⅰ H110∶40）

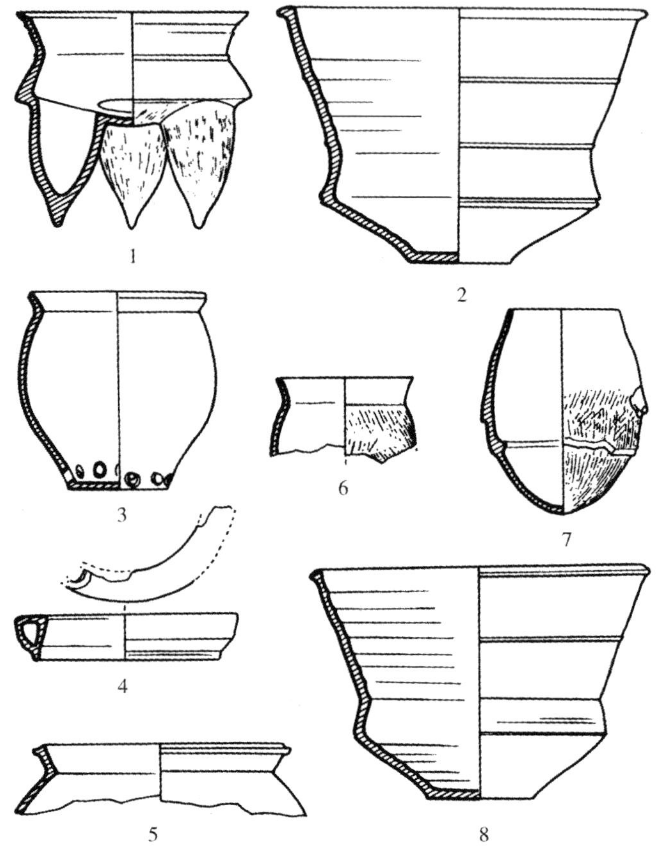

图九 东关遗址东关文化ⅠH198出土器物

1. 釜形斝（ⅠH198∶11） 2、8. 双腹盆（ⅠH198∶10、ⅠH198∶9） 3. 罐形甑（ⅠH198∶12） 4. 器座（ⅠH198∶22） 5. 大口罐（ⅠH198∶14） 6. 鬲（ⅠH198∶20） 7. 釜灶（ⅠH198∶13）

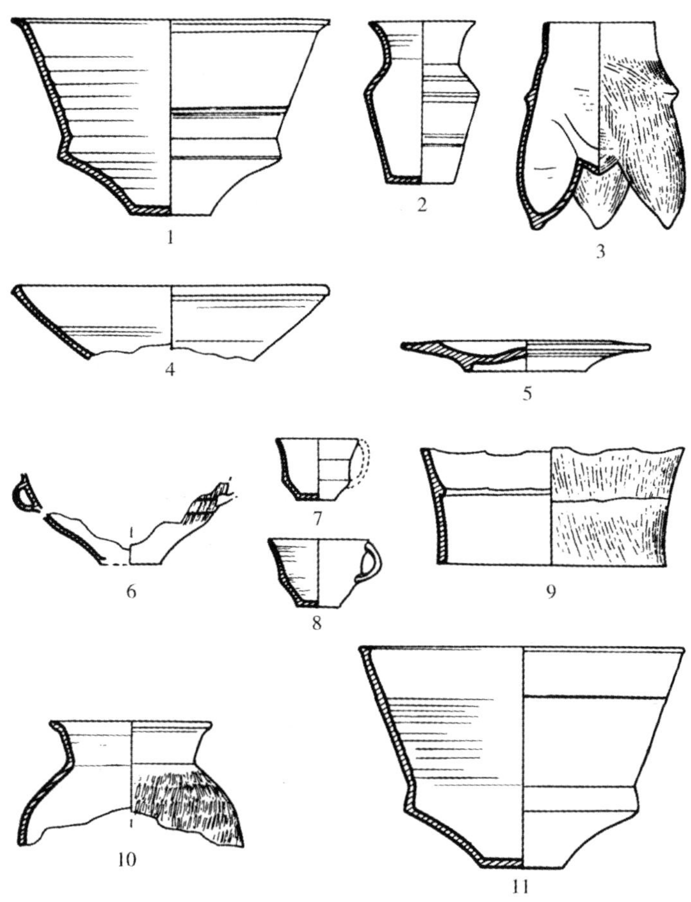

图一〇　东关遗址东关文化ⅠH83出土器物

1、11. 双腹盆（ⅠH83:27、ⅠH83:2） 2. 尊（ⅠH83:25）
3. 侧装双鋬鬲（ⅠH83:1） 4. 敛口盆（ⅠH83:37） 5. 盘（ⅠH83:28）
6. 双耳罐（ⅠH83:35） 7、8. 单耳杯（ⅠH83:11、ⅠH83:12）
9. 圈足瓮（ⅠH83:30） 10. 高领罐（Ⅰ83:32）

依釜形斝的空三足概念改制双鋬手釜灶而制作成的，从而使分布于陕晋豫交界地区的荆村文化自其五段之后，演进为东关文化。

三里桥文化的单把鬲，当是吸收客省庄文化的单把鬲，实现了釜灶向鬲的演变（图一一）。

这都是我关于鬲的几篇文章里说的。这些图片联结起来，就成电影了，人就开始说话了。考古学就应当是这样研究。这就是让材料牵着鼻子走，透物见人，替死人说话，还要把死人说活。洋教条不能信，要坚持务实求真、实事求是的作风。

考古学文化的文化的演进，商代替夏，周代替商，都经过这样的道路。

3. 结论性认识

根据上面的材料，我们可以得出如下四点认识：

其一，文化的演进是渐进的，要靠量变的积累到质变。质变，有部分质变，如秦王寨文化吸收大汶口文化的鬶，是部分质变。将釜形鼎改变为釜形斝，是全部的质变。秦王寨文化的一系列文化，吸进到荆村文化。

其二，文化的演进，是以自身当时的传统文化与异己文化互为参照系数，进行比较、鉴别，得出其时的认识，传承传统文化的优秀部分，吸收当时能认识到并能为之所用的异己文化的长处，进行融合，化传统文化为文化传统，从今天

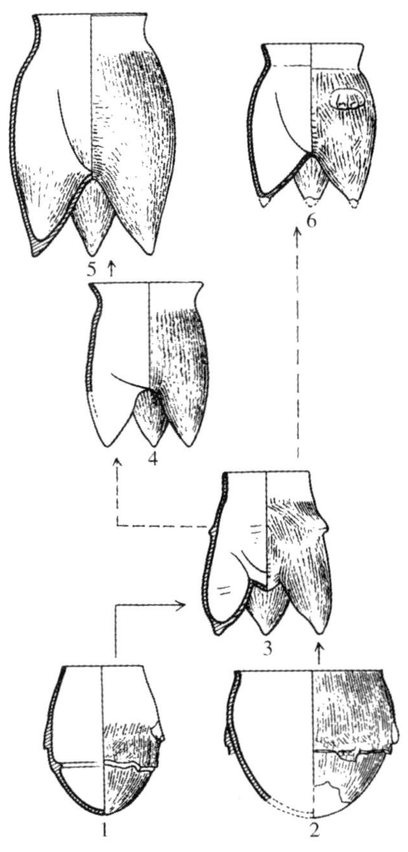

图一一　东关文化与三里桥文化釜灶、鬲的演变

1、2. 东关文化釜灶（东关Ⅰ H198∶13、东关Ⅰ H109∶45） 3、4. 东关文化鬲（东关Ⅰ H83∶1、横阵 T4A∶4A∶15） 5、6. 三里桥文化鬲（东关Ⅲ H9∶1、龙王崖 T202∶4A∶5）

走向明天，实现创新。创新是经过化传统文化为文化传统之后，进而构建出一个新的或当代的传统文化平台。

其三，历时变动的传统文化导出的当代文化，或当代的传统文化平台，是文化“传承、吸收、融合、创新”演进规律实现的文化递进的时代平衡，而文化“传承、吸收、融合、创新”，则是文化演进的规律。通俗地说，这文化演进的规律，就是文化杂交之道。

其四，离开当代文化或当代传统文化平台，去鼓吹继承、发扬已被历史淘汰的传统文化，就是复古，是谋求文化的倒退。站在当代文化或当代传统文化平台鼓吹文化稳定，则是不思进步，谋求停滞，最后必然导致文化倒退。我们既要站在“一定时代”上，又要追求新的文化传承、吸收、融合、创新，打破这“一定时代”所呈现的文化平衡。只有这样，才能实现文化的进步，才能走向未来，实现文化的时代进步。

（2014 年 5 月 12 日厦门大学“南强学术讲座”的记录整理稿）

考古学与文物保护

——在贵州省文物考古研究所召开的学术报告会上的演讲

我今天讲的题目，是考古学与文物保护，目的是想就为何要将考古工作纳入文物保护体制中来，以及怎样将考古工作纳入文物保护体制之中的问题，与同人们交换意见。下面，我分别就“文物内涵很广，考古学所涉及的文物，仅是文物中的一部分文物”，“考古学所涉及的文物，是很重要的一部分文物，考古学正是研究了这部分文物，才成为了显学”，以及“为何要将考古工作纳入文物保护体制中来？又怎样将考古工作纳入文物保护体制之中”这三个问题，发表一些个人的认识。这是“抛砖”，目的是“引玉”。

第一个问题，文物这一概念所表述的内涵很广，考古学所涉及的文物，仅是这文物的一部分。

文物这一概念所表述的内涵很广，“广”到什么程度?文物是什么？文物者，既是文，又是物，即有文之物。文者，文化也。地球上的万物，只有人类才有文化。什么是文化？

文化者，是相对于自然之现象也，人类的文化，一般言之，分为物质文化和精神文化，文物则属物质文化范畴。文物者，乃是人类文之、化之于自然所表述的文化之物，以及体现人与人的关系之物。人类进入文明社会之后，这物质文化，往往被称为物质文明。人类，从体质上看，可区分为黑种人、黄种人和白种人，以及介于这三种人之间的一些亚种人；从文化上看，这人类又以同类而形态相异的物质表述着文化相异、居住于不同地域的族群，有的或许还表述为文化相异的分居于不同地方的亚族群。同时，这些族群和亚族群的文化于年代上也存在着递变所表现出来的区别。考古学将这些族群、亚族群以及其展现的年代变异，界定为考古学文化、类型和期别，对其留存下来的居址、城址、作坊和墓地这类被称之为考古学遗存而进行分门别类和基于不同门类的综合研究，探索其表述的考古学文化的历史与文化。在我看来，考古学遗存所表述的历史与文化，一定属于一定的考古学文化的范畴。因此，离开考古学文化，来观察、研究考古学遗存，就将使考古学遗存失去其自身存在的属性和个性。如是，不仅难以正确地认识考古学遗存本身，也难以实现具体的历史与具体的文化的具体的观察和研究，还将使考古学遗存所表述的历史与文化成为一笔糊涂账。基于这一考虑，我在20世纪80年代就著文主张，考古学研究的对象，是考古学文化，而考古学遗存这类文物，仅是考古学实现研究考古学文化所凭借的资料。

上面说过，“文物者，乃是人类文之、化之于自然所表述的文化之物，以及体现人与人的关系之物”，即文物是文化之物。这文物的内涵实在很广，而考古学研究的仅是考古学遗存这类文物，故考古学所涉及的文物，仅是文物的一部分。要具体地搞清楚考古学所研究的文物是文物中的哪一部分这个问题，就得说明考古学遗存这一概念的具体内涵是什么。大家知道，随着中国考古学的发展，这一考古学遗存的内涵正在不断扩展，且还存在着向前冲刺的势头，基于这一情况，一方面要将它静止下来，以讲清楚考古学遗存是什么，这实在是一件很困难的事情；另一方面，即使勉强地做了这样或那样的界定，也将不利于考古学发展，因此，对此我认为持谨慎态度为宜。

不过，我们也可以从《中华人民共和国文物保护法》第二条，即“受国家保护”的文物中来看哪些文物是考古学所涉及的文物，哪些文物与考古学无关。现就这方面情况具体说明如下：

一是该条第二款所规定的“与重大历史事件、革命运动或者著名人物有关的以及具有重要纪念意义、教育意义或者史料价值的近代现代重要史迹、实物、代表性建筑”这类受国家保护的文物，一般来说，当与考古学无关。

二是该条第一款所规定的“具有历史、艺术、科学价值的古文化遗址、古墓葬、古建筑、石窟寺和石刻、壁画”这类受国家保护的文物，无疑应是考古学所当涉及，而且是必须涉及的文物。

三是该条第三、四、五款所规定的内涵，以及“同文物一样受国家保护”的“具有科学价值的古脊椎动物化石和古人类化石”，与考古学的关系，则需作如下具体的解说：

其一，是第四款规定的“历史上各时代重要的文献资料以及具有历史、艺术、科学价值的手稿和图书资料等”中由考古发现的“历史上各时代重要的文献资料”，以及第三款规定的“历史上各时代珍贵的艺术品、工艺美术品”中由考古发现的“艺术品、工艺美术品”，均当属于考古学所涉及的文物范畴，该两款所指的其他文物，均与考古学无直接的关系。

其二，是该条最后一段文字所规定的“具有科学价值的古脊椎动物化石和古人类化石同文物一样受国家保护”中的古人类化石，即成为化石的古人类的遗骸。这古人类是创造文物的主体，其遗骸当不能被视为文物。同时，人类出现之前时期遗存下来的那些古脊椎动物化石，当然也不是文物。该条规定“同文物一样受国家保护”中的“同文物一样”，即是说“古脊椎动物和古人类化石”不是文物，而要求“同文物一样受国家保护”。这其中的“古人类化石”，则同考古学相关，属考古学研究内涵。至于人类出现以后遗留下来的为考古学涉及的那些动植物遗存，是否是文物这一问题，则需分别具体说明。凡是为人类采集、栽培和渔猎、驯养的植物和动物遗存，均当是文物，非此者，即那些与人类生存环境相关的自生自灭的动植物遗存，虽是考古学所当研究的遗存，却不能将之归为文物。

其三，是该条第五款所规定的“反映历史上各时代、各民族社会制度、社会生产、社会生活的代表性实物”的“代表性实物”，以及同类性质的非“代表性实物”，均是人类文之、化之于自然和体现人际关系之物，应是文物。这类“历史上各时代”中的近现代文物，一般来说，不是考古学应涉及的范畴，而其中的古代文物，则是考古学生长的土壤。

从以上《中华人民共和国文物保护法》第二条受国家保护的文物与考古学关系的说明中可知：考古学涉及的文物，只是受国家保护的文物中的部分文物。同时，该纳入考古学研究的部分资料，是非文物。但需指出的是，随着考古学的发展，考古学研究范畴随之而日益扩大。例如，20 世纪 60 年代，中国考古学还将自己的研究下限，定在元代之前的时期，后来推进到了明代，接着又将清代纳入了中国考古学的范畴。近年来，黑龙江省的考古学者，又以考古学的田野考古方法，将日本军国主义搞的 731 工程遗存从地下揭示了出来，以让人们从这处遗存中清楚地看到日本军国主义的侵华罪行。考古学研究这类不断突破年代进行工作与研究的举措，实在令余辈欣喜。

第二个问题，考古学所涉及的文物，虽是文物的一部分，但这部分文物，却是文物中很重要的一部分文物，正是考古学研究了这部分文物，才使考古学成为显学。

人类各个族群的历史的进步与发展，归根结底，是文化的进步与发展。人类诸族群文化的进步与发展，归根结底，是文化的创新。文化创新有两种动因所导致的两种途径：一是内因，即是通过文化自身的矛盾运动，实现文化创新；另一是外因，即通过吸收外来文化，与自身文化的融合，实现文化创新。这“外因”所以能发挥作用，是外因激活了内因机制，归根结底还是基于“内因”。这两类实现文化创新的途径，都离不开对自身文化的传承，即传承传统文化。要实现传统文化的传承，首先就得记忆好历史与传统文化。人类记忆历史与传统文化的方式与手段很多，诸如语言、习俗、文字和人类为实现生产、生活、人际关系和精神追求等活动产生的物质的被留存下来的遗存。语言，既包括词汇，又包括口头传说；文字，既指其中的词汇，又指用文字写出的文献，对于某些文字来说，如汉字，还包括字的结构；习俗，既含日常生活的举止，又包括婚丧喜庆方面的礼仪言行。至于这里所说的遗存，即是文物，与考古学相关的，可称之为考古学遗存。相对于其他记忆历史与文化的方式与手段来说，文物或考古学遗存的记忆有着自身的特性与优势。这优势主要是：

第一，这种记忆可追溯到其他记忆方式与手段完全失去记忆而留下记忆空白的那些年代和那些空间，直到人是从哪里来的那些年代和空间，即这种记忆是能“生长”出历史与文化的新的时、空与人、事记忆的土壤。

第二，这种记忆可补充或纠正其他记忆方式和手段之记忆不全或记忆失真，即补充和修正其他记忆的时、空与人、事所存在的缺失和错误。

第三，这种记忆，相对于其他历史与文化记忆来说，是现场的第一手记忆，其他记忆，均是经过记忆者加工所形成的第二手记忆。这种记忆具有原真性，是客观的真实记忆。它能让人们穿越时空隧道进入这记忆存在的时空，感悟这记忆的本体及其存在的环境。这种记忆具有形象性，较之其他历史与文化记忆，具有更强的感染力。这种记忆具有老少咸宜和雅俗共赏的特性。

正是这里所讲的这类文物或考古学遗存的自身特性与优势，便使研究这类文物或考古学遗存的考古学，成为人文社会科学和一些科技学科中的一重要学科，成为显学。对此，我想做如下的说明：

其一，考古学提出的一些专门术语，诸如“能人”“智人”“旧石器时代”“中石器时代”“新石器时代”“无陶新石器时代”“有陶新石器时代”“金石并用时代”“青铜时代”“铁器时代”“纯铜”“砷铜”“铅青铜”“锡青铜”“原始瓷器”“农业革命”“城市革命”“史前时代”“原史时代”和“历史时代”，以及“中国的神王之国、王国、帝国之国家形态进程说”等这些由考古学提出来的表述人类与中国历史及文化进程的术语；还有“考古学文化”“考古学文化的类型与分期研究”“考古学文化的文化谱系研究”“考古学文化的社会结构与国家形态的研究”“考古学文化的区系、类型研究”“考古学文化多元一体说”“中国文明起源与形成的多元说”“中国文明起源、形成与走向秦汉帝国说”“中国考古学文化的多元一体到国家一统的文化多元说”“地层学”“层位学”“类型学”等，这些表述考古学的基本理论与方法及其对中国历史与文化的基本认识的术语。当然，这些术语产生于考古学者对其所研究的遗存或文物的具体的深入研究，但我们应该知道的是，这些术语所以是科学的，在于它们正确地表达了其所表达的客体(即考古学遗存或文物)的基本属性，故这些术语所以能产生和成立，最终还是显示着考古学所研究的这类文物或遗存自身所拥有的特性与优势。我们还应该知道的是，这些术语之产生与成立，实增进了人类认识历史与文化的智慧，进而又增进了人类的智力。所以说，实现考古学所涉及的那部分文物的研究，将使研究者聪明起来，将这些使研究者聪明起来的历史与文化的认识，普及到其他人群之中，又将使这受普及的人群聪明起来。可见，考古学遗存与文物，是能开拓人的智力之物。

其二，主要基于前述的文物或考古学遗存的记忆所具有的“第一”“第二”这两者的特性与优势，考古学对历史与文化的研究，一是开辟或“创造”出其他记忆方式与手段完全失去记忆的那些年代和那些空间及其人、事；二是补充和修正了其他记忆的时、空、人、事诸方面所存在的记忆缺失和错误。这些情况，既早已见之于外国考古学，又早已出现于中国考古学。就中国考古学来说，我早在28年前应《瞭望》记者之约，于1987年8月10日晚写成的《浅谈中国考古学的现在与未来》就讲过如下的一段话:“这一系列考古新发现，不仅改变了考古学本身的面貌，同时也使古史研究的现状为之一新。对于中国原始社会以及夏、商、西周历史的探索，早已奠基于考古学的研究，就是两周以后直至宋元时期的历史研究，也因考古学资料的发现和积累而注入了大量新鲜的血液。需要进一步指出的是，以往考古学的新发现，不仅证实、订正及补充了文献史料的不足，而且使传统史学不断得以开辟新的研究领域。”站在距离发表这段文字近30年的今天，来审视中国考古学新发现与新研究，见到的情况，虽说没能突破“不仅改变了考古学本身的面貌”和“使传统史学不断得以开辟新的研究领域”这些基本论断，却可认为是丰富了这些基本论断的内涵，也进一步拓宽和深化了人们对古代中国历史与文化的视野与洞察力。

其三，是中国考古学的发现与研究成果，从量、质、时、空诸方面，拓宽和深化了我国自然史、科技史、人文史和哲学社会科学史的研究，诸如天文史、地质史、环境史、人文地理史、农业史、畜牧史、工艺史、经济史、哲学史、思想史、信仰宗教史、艺术史、文学史、文化史、社会史、政治史、法律史和国家史的研究，无不是从考古发现与研究的成果中，吸取了营养，或拓宽和深化了已有的时间及空间和同一时间及空间的内涵，或开创了新的研究领域，从而显现了中国考古学的极大渗透力。

其四，我在《旗帜·道路·支撑·创新与持续发展——中国考古学会第五届代表大会暨第十一次年会闭幕词》中讲过这样一段话："这个新时代的考古学，是以苏秉琦的两论为旗帜，以苏秉琦、夏鼐、宿白和其他具有代表性学者的著作为标志，不仅构成了中国考古学学科基本体系，而且已融入了人民生活之中，是激发人民的爱国情感、提高民族素质和增进民族凝聚力的中华民族的一份珍贵的精神财富。中国考古学已成为人民的考古学。"中国考古学的发现与研究成果广泛地进入了中、小学教科书和教学辅导教材，与中国考古学揭示出来的文物及其研究成果支撑起来的我国直辖市、省、自治区、市、县博物馆及一些专门博物馆（如半坡博物馆、柳湾博物馆、秦始皇陵博物院、大葆台汉墓博物馆、南越王墓博物馆等），还有诸如长城、西湖和汉、唐、宋、明、清等皇朝的历代帝陵及高句丽与渤海等王朝的史迹，让我们人民从孩提时起就沐浴于自己国家民族的绵延悠久的历史长河之中，接受传统文化的洗礼。"超百万年的文化根系，上万年的文明起步，五千年的古国，两千年的中华一统实体"，苏秉琦概括中国历史与文化的这些话语，在我们的脑海中激荡流连，成了我们对祖国历史与文化的共同感悟，喷涌出爱国情感，提高了民族素质和增进了民族的凝聚力。不仅如此，我所讲的中国考古学已成了人民的考古学，另有所指的则是以苏秉琦为首的中国考古学者对中国(华)文化、中国(华)民族(族群)、中国(华)国家和中国(华)国家政体形态的深入研究所提出来的那些认识。这些认识如实而深刻地阐明了中国(华)文化、中国(华)民族(族群)、中国(华)国家和中国(华)国家政体形态的具体的文化与历史进程及其变更规律，以及它们未来演进的道路，实现了鉴史而知兴替的史的研究、化传统文化为文化传统和史的研究的创造性转化。苏秉琦在这些领域的研究居于开风气的地位，留下了大量的光辉篇章，我跟随其后也写出了一些文字。限于时间，我不能向在座的朋友们一一讲述这些方面的认识，只对考古学文化的文化的研究情况做些简要的介绍。要了解这方面的情况，可以读读苏秉琦和我的著作，尤其是苏秉琦的著作，特别是他临终前写成的并于临终之时出版的《中国文明起源新探》这本著作。

关于中国考古学文化的文化，苏秉琦认为既是多元的，又是一体的，他创立了中国考古学文化的文化多元一体说。我跟着苏秉琦指出这一体中的各元考古学文化的文化，就其文化成分的文化谱系关系来看，均呈一元为主的多元文化谱系结构。故一体中各元考古学文化的文化，也均是一体多元的，并进而指出，凡考古学文化的文化，都是一体多元的。有了这认识之后，我便将考古学文化的文化俗称为杂种文化。这杂种文化是怎样出现的？无疑是杂交的结果。为什么这么说？我通过具体研究发现，这呈一元为主的多元文化谱系结构的考古学文化的文化中为主的那一元文化因素，是这一考古学文化所属文化谱系的考古学文化的本体或自身“传承”下来的文化因素，同时，任何一考古学文化均处在与自身文化谱系相异的诸考古学文化的人文环境之中，这文化谱系相异的诸考古学文化自然会出现文化碰撞与交流，这文化的碰撞与交流必然导致诸考古学文化彼此“吸收”对方的文化因素。如用文化人类学的概念来说，这“吸收”也可以称之为“借用”。考古学文化的文化的“传承”与“吸收”，则使任何一种考古学文化成为一元为主的多元文化谱系构成的杂种文化。“传承”也好，“吸收”也好，所“传承”或“吸收”的文化因素，既有原版的，也有修订版的。原版的“传承”是因袭，是文化的停滞，修订版的“传承”，则是文化的“创新”。“传承”所以存在着“原版”与“修订版”之分，主要是内因，其次是外因。“创新”的“传承”，也称之为“传承”的“创新”，体现于一元为主的多元文化谱系结构的考古学文化的文化中那为主的一元文化因素的演变，其结果或是导致这一考古学文化出现阶段性的演进，或是导致考古学文化的更替。原版的“吸收”，是考古学文化照样抄袭另一考古学文化的文化因素；修订版的“吸收”，则是一考古学文化将另一考古学的文化因素改了样的抄袭过来。这改了样的抄袭，既有改得好的，也有改得不怎么好的。是否“吸收”？“吸收”什么？实现怎样的“吸收”？均取决于“吸收”一方的考古学文化的文化的发展状况，即内因。这“吸收”

进来的外来文化因素，就成为吸收方的考古学文化的文化有机体中的文化元素，使这考古学文化的文化具有多元的文化谱系结构的品格，即文化的杂种性。同时，这传承的文化因素和吸收的文化元素相互碰撞与交流，即矛盾运动，便融合产生出新的文化元素。其结果，基本上是促成了考古学文化的更新，也有的仅是导致考古学文化出现阶段性演进。这“融合”便是文化的“创新”。综上所述，可知“传承”可出现“创新”。“吸收”，对吸收一方来说，自然是“创新”无疑，“融合”当然也是“创新”。除这些“创新”之外，一考古学文化在汇集了“传承”“吸收”和“融合”这些“创新”之后，从革故鼎新这一视点来观察，往往会出现或呈现出更巨大、更深刻的“创新”，故“传承、吸收、融合、创新”，是考古学文化的文化的演进规律。

这“传承、吸收、融合、创新”，是从考古学文化的文化的研究中概括出来的文化演进规律。考古学文化的文化，就其内涵来看，基本上是物质的文化。那么，从其中概括出来的文化演进规律，是否也适用于介于物质与精神之间的文化和精神文化呢？物质文化、介于物质与精神之间的文化和精神文化这三类文化，都是人类思想的产物。这三类文化表现人类思想的方式、形态、类型的层面与层次虽存在着区别，表述的则是具有共同性的人类思想。这人类思想的共同性，就决定着从这基本上是物质文化的考古学文化的文化研究中得出来的具有规律性的认识，即“传承、吸收、融合、创新”

的文化演进规律，也适用于介于物质与精神之间的文化和精神文化这两类文化。同时，我在以往发表的《文化杂交：广州的过去与未来》这篇文字中所讲到的对政治史、哲学史和思想史的演变规律的认识时，也说过“传承、吸收、融合、创新”这一从考古学文化的文化研究认知出来的文化演进规律，也适用于政治史、哲学史和思想史的演进规律这类意见，或说“传承、吸收、融合、创新”，也是政治史、哲学史和思想史的演进规律。在此，我就不重述这些认识了，在座的朋友如有兴趣的话，可以去看看这篇文章。总之，“传承、吸收、融合，创新”是适用所有形态的文化的文化演进规律。

这“传承、吸收、融合、创新”的文化演进规律，也适用于当代文化建设，应当成为建设当代文化的指针。关乎此，我在《文化杂交：广州的过去与未来》一文中讲过这样的意见：“文化的演进，是以当时的传统文化和外来文化互为参照系数，进行比较、鉴别，得出其时的认识，传承传统文化的优秀部分，吸收当时能认识到并能为之所用的外来文化的长处进行融合，化传统文化为文化传统，从今天走向明天，实现创新。这创新是经化传统文化为文化传统之后，进而构建出一个新的或当代的传统文化平台。”“这历时变动的……当代的传统文化平台，是文化‘传承、吸收、融合、创新’演进规律实现的文化递进的时代平衡。”离开这“当代传统文化平台，去鼓吹继承、发扬已被历史淘汰的传统文化，就是复古，是谋求文化的倒退。站在这……当代传统文化平台鼓吹文化稳定，则是不思进步，谋求停滞，最后导致文化倒退。有文化的进步，才有时代的进步。……我们不能总站在这‘一定时代’上，而要不总站在这‘一定时代’上，就要打破这‘时代平衡’，而要打破这‘时代平衡’，就得追求文化进步，就得实现新的文化‘传承、吸收、融合、创新’。只有这样，才能实现文化进步，才能走向未来，实现时代进步”。并以广州为例指出，要搞好当前的文化建设，则“须走文化杂交的路线，搞成中西文化合璧。要走通文化杂交路线，则既要反对民族主义，又要反对民族虚无主义，要高扬爱国主义和国际主义，要坚持民族文化自尊，又要‘美人之美’。这才能实现费孝通先生所说的‘各美其美，美人之美，美美与共，天下大同’”。附带说一句，“美美与共”或可理解或改为“不同而和”。总之，在这“经济全球化，文化怎么办”的时代背景中，只能将从考古学文化的文化的研究中认识出来的“传承、吸收、融合、创新”的文化演进规律，转化为实践文化建设的路线，才能搞好中国的文化建设，创造出新的中国文化，只有这样，才能使中国文化在文化全球化中成为丰富了全球文化的“不同而和”的文化。可见，对文物的考古学文化的文化的研究，虽是研究昨天，但其得出的认识，却生机勃勃地活在今天，还能引领我们健康地走向明天。

可见，文物既是以往历史与文化的载体，又是昭示人们创造新的历史与文化的路标。研究文物的考古学，不仅是认识人们已创造的历史与文化的工具，还能激励和引导人们将对过往的历史与文化的规律性的认识付之于新的实践，去创造新的历史与文化。

第三个问题，为何要将中国考古工作纳入文物保护体制中来？又怎样将中国考古工作纳入文物保护体制之中？

“文物，或曰考古学遗存，是中国考古学所以产生之根，也是中国考古学赖以成长或发展之源，是支撑中国考古学持续成长的土壤。要实现中国考古学的持续发展，就必须以文物保护为支撑，就必须维护和实践《中华人民共和国文物保护法》，而要维护和实践《中华人民共和国文物保护法》，我们就要切切实实地将中国考古工作纳入文物保护体制中来。”这段话是我在2008年10月25日发表的《旗帜·道路·支撑·创新与持续发展——中国考古学会第五届代表大会暨第十一次年会闭幕词》时说的一段话。发表这一《闭幕词》的时候，我已被出席中国考古学会第五届代表大会的代表选举为第五届理事会的理事长。这担子在肩，中国考古学会团结、引领会员举什么旗？走什么路？如何推进中国考古学的发展呢？这就成了需要我首先回答的问题。我对这一问题的回答是：举“苏秉琦创立的两论的旗帜”，“走持续发展之路”。考古学怎样“走持续发展之路”？我回答的是：一“要切切实实地将中国考古工作纳入文物保护体制中来”；二要坚持务实求真的学术道路，“不断推进考古学的创新”。我把“要切切实实地将中国考古工作纳入文物保护体制中来”，放在中国考古学“走持续发展之路”必需条件中的首要位置，说明我对此十分重视。时隔5年，我作为下了台的中国考古学会理事长，《此刻，我要圆第四个梦——在中国考古学会第六届理事会第一次会议上的讲话》中，讲到我对第六届理事会“如何才能走向前方”提出的五点建议或希望，又把“将考古工作纳入文物保护体制中去”作为这五点建议或希望中的第一条。所以如此，是因为我把考古工作纳入文物保护体制之中这一由我最先提出来的意见，视为是中国考古学学科建设须臾不能离去的永远的方针，故认为我主持的中国考古学会应遵循这一方针，接替我主持中国考古学会的理事会，也应该坚持这一方针，并认为只有这样，才能推进中国考古学发展和才能办好中国考古学会。关于这一建议和希望，我是这样说的：“一是我们的中国考古学会理事会和常务理事会要切实地维护《中华人民共和国文物保护法》，将考古工作纳入文物保护体制中去。所以须如是为之，是因为文物是认识历史和传统文化的基因，也是考古学赖以生存和持续发展的根基，进而言之，历史与传统文化则是生长和实现文化创新的土壤，而考古学不仅能释读文物所体现的历史及传统文化，且能激活传统文化，具有实现以史为鉴与古为今用的功能，乃是化传统文化为文化传统或将传统文化转化为新文化的一重要工具。故保护文物，就是保存历史，就是保护传统文化，就是呵护生长和创造新文化的基因和土壤，也是维护考古学生存和持续发展的根基。所以，将考古工作纳入文物保护体制之中，不仅是考古学的光荣使命，也是考古学追求自身持续发展乃至生存的题中自有之义。”高扬《中华人民共和国文物保护法》，切实地将考古工作纳入文物保护体制之中，我们才能走向前方。

《中华人民共和国文物保护法》已将《考古发掘》编为这法的第三章，这就从法律上申明了应将考古工作纳入文物保护体制之中进行管理。同时，从该法的第二十七条至第三十五条这第三章的九条内容来看，基本上说的是如何将考古工作，特别是其中的考古发掘纳进文物保护法管理之事。可见，关于要将和怎样将考古工作纳入文物保护体制之中的事，《中华人民共和国文物保护法》是已作了法律上的规定的。因此，希望考古文博界的同人不要将我讲的这方面的意见，视为是什么新论。要说是新论，也是有一点的，那就是我从学理上对法律的这方面的规定所作的一些说明。

关于要将考古工作和怎样将考古工作纳入文物保护体制之中的这两个问题，我都发表过一些意见。上述的两段话，我认为已就为什么要将考古工作纳入文物保护体制之中的这一问题说清楚了，现在觉得不需要，或者说还没有感觉到要做什么补充或者什么修正。至于应怎样将考古工作纳入文物保护体制之中，我想在这里和在座的朋友再做些讨论。

要讨论应怎样将考古工作纳入文物保护体制之中的这一问题，先得对考古学所涉及的文物和考古工作的特性做些说明。

《中华人民共和国文物保护法·第一章总则·第十一条》

规定："文物是不可再生的文化资源。国家加强文物保护的宣传教育，增强全民文物保护的意识，鼓励文物保护的科学研究，提高文物保护的科学技术水平。"我对这一条的理解是：因为文物具有不可再生性，所以国家要"加强文物保护的宣传教育"和"鼓励文物保护的科学研究"，以"增强全民文物保护的意识"和"提高文物保护的科学技术水平"。进而言之，因为文物具有不可再生性，就当如《第一章总则·第四条》所规定的那样"保护为主、抢救第一、合理利用、加强管理"，就成为国家文物工作应贯彻的方针。这里讲的"保护为主，抢救第一"，也可释为"有效保护"。利用的合理性，得受"保护为主、抢救第一"或"有效保护"所制约，反之，则背离了"保护为主、抢救第一"或"有效保护"，这就失去了利用的合理性。而失去了"合理"的利用，就违背了国家应贯彻的文物工作方针。再进而言之，因为"文物是不可再生的文化资源"，就制约着《中华人民共和国文物保护法》不被称之为"文物利用法"，或"文物利用与保护法"，或"文物保护与利用法"，而称之为"文物保护法"。总之，文物的不可再生性，就使得第十一条须写进《中华人民共和国文物保护法》，就导致"保护为主、抢救第一、合理利用、加强管理"所以是中国文物工作的方针，就导致《中华人民共和国文物保护法》所以是"文物保护法"。可见，不可再生性，乃是文物的特性。同时，基于这一特性，在文物工作中，就需将保护置于根本性的位置，并要求对文物的保护实现其有效性。

“文物是不可再生的文化资源”所指的“文物”，是一切文物，当然也包括考古学所涉及的文物。这里所说的“文化”，就文物法通篇的文字与精神来看，可理解是历史、文化和科学的泛称，同时“资源”也可称之为载体。故“文物是不可再生的文化资源”，或亦可说成“文物是不可再生的历史、文化和科学的载体”。补充说一句，这“文化”就包含了艺术。这“文化”的含义，广于艺术。说文物有着“历史、艺术、科学”这三大价值，至迟源于20世纪50年代。20世纪30~50年代的人们的视野中，美术考古居很重要的地位。很可能是基于这样的认识背景，故把“艺术”说成是文物的三个价值中的一个价值，2002年修订《中华人民共和国文物保护法》时，仍沿用了“艺术”这一词。我早就认为需将“艺术”这词，改为“文化”一词为妥。另外，还需指出的是，考古学的那部分文物，例如居住址、墓地等，既存在地区之别，同一地区，又有着时代之差；同一地区同一时代，又当分为不同性质与类别的考古学文化遗存；同一性质和类别的考古学文化遗存，又区别为年代与类型之不同的遗存；而同一性质和考古学文化的同一类型及同一年代的遗存，还存在着互不能替代的个性区别(如保存情况、地理位置、规模大小、具体结构、某些遗存的形态差异，等等)。可见，不可再生性和独特的个性，乃是考古学的那部分文物的特性。应当说，任何一处考古学遗存，都是保存在田野中的承载着历史、文化、科学而类似于图书馆的孤本。故此，对其保护就提出了很高的要求，实现其保护的有效性，就成了对这部分文物的根本追求，所以对其利用的合理性，首先就当受保护的有效性所制约。

考古学是什么？考古学是通过田野调查、勘探、发掘、室内整理、编写和出版发掘报告，以及研究去揭示及认知承载着历史、文化及科学的不可再生的文物之工具。这里说的田野调查至研究，一般来说，是考古学的工作程序，亦可视为是考古学利用文物所必须经历的过程。这一过程，就是考古学通过对考古学文化表述的考古学遗存这类物质文化的文物研究，将其转化成认识，即精神文化的过程。

文物是需要考古学涉及并是考古学所能研究的文物。我曾经说过：考古学遗存是经，考古发掘则是对遗存的注疏；考古发掘是经，室内整理是对发掘的注疏；室内整理是经，考古报告是对室内整理的注疏；考古报告是经，研究是对考古报告的注疏。注疏当然是研究。我们这里依次所言的注疏，一般来说，可视为层次不同的注疏。我所以说这样一些话，是想强调经是源，注疏是流，注疏源于经，经处在高于注疏的位置，而最重要也最根本的经，则是考古学遗存本体这不可再生的文物。因此，我认为我们考古学者应率先对考古学遗存这不可再生的文物怀着敬畏之心。同时，我们也可以把上面讲的田野调查至研究的程序，视为阅读、复原和阐释考古学遗存的过程。

调查、勘探和发掘，是这过程的阅读阶段。这阅读的目的是究明这遗存是什么，处于什么样的时、空位置，和其他遗存乃至和什么样的人存在着怎样的关系。遗存是自下而上、自早而晚形成的堆积，发掘或阅读遗存则需自上而下、由晚及早地进行揭示，搞清楚遗存的层位，是田野发掘或阅读遗存的首要任务。为此，是要努力究明地面或活动面，和要搞清楚地层是什么样的地层及所以形成如是地层的原因。全面采集遗物和部分收集可作为标本或可供展示的遗迹，并如实地做好文字、绘图及录像、照片记录，则是跟随阅读所必须认真做的功课。同时，还应一边阅读，一边思考或研究，发现问题，设定课题，跟踪阅读，如此迂回反复，贯彻始终。只有如是为之，这阅读，才是深入的研究性阅读。

室内整理，是田野考古结束之后必须经过的考古学研究的一道工作程序，目的是为编写考古报告做好所需的准备工作，在这一工作程序中，应在“阅读”阶段工作基础之上，全面开展和完成拼对陶片、复原陶器及修复其他材质器物，以及做好选样测试工作。同时，通过全面审读、整理田野考古的全部记录，拼对工地的平面图及剖面图；通过对实物、文字、图纸、录像、照片的整理、研究所获得和见到的遗物、遗迹及其呈现的现象与信息，并据层位与质地、形态(类、型、式)对田野发掘所见到的全部遗存实现考古学文化与期别的分类和聚类，从层位和考古学文化及其期别理清它们的纵、横关系及其显现的矛盾(问题)，求索遗址或墓地的考古学文化的序列与文化谱系关系；进而对显现的矛盾或问题提出解释或探索的路径，并制作研究或编写考古报告所需的遗迹、器物等卡片、录像、照片、绘图和资料数据统计，完成编写考古报告所需的准备工作。

编写及出版的考古报告，是实现以文字、绘图、照片及拓片的形式保存田野发掘所见到的遗存及其堆积状况，从而构建出一个可作概念性的或接近真实的仿真性的复原遗存及其堆积状况和能务实求真地进行阐释的平台。是否具有可作概念性的或接近真实的仿真性的复原遗存及其堆积状况，和能否据报告务实求真地进行阐释，以及能达到什么程度，则是评估考古报告的好坏和学术水平的高低的基本标准。这一标准，是我们编写考古报告的出发点和落脚点，当是我们持之以恒的追求。所以，我说编写及出版考古报告，乃是将田野发掘所见到的遗存及其堆积状况以文字、绘图、照片及拓片的形式所做出的复原。保护文物的目的，是实现文物的保存或保全，故实现保存田野发掘所见到的遗存及其堆积状况之考古报告，是另一形态的文物保护。

阐释，是研究的结果。考古报告也含阐释，这里所说的阐释，是指对出版的考古报告进行研究后所进行的阐释。阐释，有不同层面，也有不同层次，诸如阐释遗存的纵横关系和遗存的历史、文化与科学的自在价值，阐明遗存的考古学文化属性及其期别和考古学文化的谱系关系，以及激活遗存承载的传统文化，使之实现创造性转化，将传统文化化为文化传统或将其转化为新文化，等等。

可见，如果将考古学这些作用于文物的工作，视为是对文物的利用的话，那么，可以说在文物利用的范畴中，考古学处于基础的也是最高位置的利用。而且，文物只有通过考古学的利用，才能保证文物的其他利用的科学性，才能发挥文物超越其时代的作用。所以说，考古学之利用文物，乃是对文物进行科学研究的必要的利用。

同时，我也在此深怀遗憾的心情认为需进而指出的是，考古学对文物的这种必要的利用，对被利用的文物来说，实具有破坏和保护的两重性。

考古学之破坏文物，主要出现在对文物的阅读阶段。考古学阅读文物的手段，迄今仍是调查、勘探和发掘。调查，若是不动土，或是不涉及遗存本体的动土调查，都不会破坏文物。勘探和发掘是涉及遗存本体的阅读遗存，均将给文物带来不同程度的破坏。一般来说，发掘给予文物的破坏，大于勘探给予文物的破坏，两者各自给文物造成破坏的大小和规模，又取决于各自的工作的大小与规模。图书馆的孤本，可以复制或影印。复制或影印的“孤本”，材质和装帧的形式与孤本可能不同，但其内容则不会区别于孤本。同时只要阅读者爱惜而不予以损坏的话，孤本也经得起读者多次地阅读，或经得起多人次的阅读。承载着历史、文化和科学的文物，与图书馆的孤本不同，既不能像复制或影印孤本那样，将其复制或影印成复制本，又不能再次阅读，比之如阅读孤本，这类阅读，是边阅读，边撕毁，不撕掉这一页，就不能阅读下一页，阅读完了，这孤本就被撕毁完了。前面我说“任何一处考古学遗存”，都是“类似于图书馆的孤本”，说它是“孤本”，是比之于孤本的珍贵性，就其阅读的“可耐性”而言，则不能相比，故说“类似”。考古者之阅读文物，是破坏性的阅读，其对遗存的阅读，只能是孤次性的阅读。可见，如将遗存比之于图书馆的孤本，乃是“孤本”之孤本，是只可供孤次阅读的孤本。即使是这样破坏性读这本书，也只有考古学才有能力读这本书，其他学科即使让它读，也无能力读这本书，同时，迄今的考古学也只能这样破坏性地读这本书，可见，这种阅读的破坏性，是伴随着考古学利用文物必然产生的必要破坏。

说考古学对文物必要利用具有的保护文物的性能，可大致概括出如下几点：一是指考古发掘、室内整理与考古报告按遗存及其堆积本来面貌所做出的揭示、记录和说明，最终能告知揭示了什么样的遗存及其所处时、空位置，并能依据其说明做出概念性的或接近真实的仿真性的复原；二是指发掘过程中全面采集了遗物，同时部分收集了可作为测试、研究的标本和可供展示的“不可移动的”遗迹，以及对采集所有材质的遗物所作的拼对复原或修复；三是指除发表的考古报告外，对整个工作过程中采集的作了拼对复原或修复以及不能复原、修复的文物，和包括文字、绘图、录像、照片、卡片等一切记录及测试报告原件都作了可供查阅的归档保存；四是如果用心于文物保护的话，每次发掘工作均能产生出新的文物保护的经验与教训。除这些之外，考古学的研究，而且，只有通过考古学研究，才能确定遗存是否应原址保护或还是可否通过考古发掘来实现保护，才能确定需原址保护的遗存的保护级别，也才能回答遗存需保护的区域范围、保护重点、建设控制地带，以及怎么保、如何保这类遗存保护的基本问题。可见，考古学的田野发掘不仅本身就具有文物保护性能，而且文物保护还离不开考古学的学术支撑，应知这种学术支撑不仅是任何其他学科所不能替代的，也是任何其他学科所不能做到的。

既然考古学之利用文物具有破坏与保护的两重性，那么，又怎样将考古工作纳入文物保护体制之中？对这问题的回答是趋利避害。避害者，即尽量减少田野考古之利用文物中的破坏性能；趋利也，就是极力地增加田野考古之利用文物中的保护性能，以及发扬考古学研究对文物的保护功能。趋利避害，是适宜于任何时、空的追求，可考古学及其相关的认识文物的学科和文物保护科技，却是随着时、空发展的，又总是处在一定的时、空之中，那么，站在当前中国考古学及其相关的认识文物的学科和文物保护科技的发展水平上，又怎么贯彻这趋利避害的追求？我想就这一问题，谈点个人认识。

一是要对文物怀着敬畏之心，并站在学术前沿，对考古学及其相关的认识文物的学科，以及文物保护科技做出客观的评估，正视它们的时代局限性，正确地认识它们现在所处的发展水平，把握它们现今不能干什么和能做什么。遵循政治伦理，不发掘帝王陵寝，对帝王陵寝只做探明其范围和格局结构的保护性的考古工作，以使帝王陵寝得到妥善的保护。遵循职业道德，只发掘那些当代考古学及相关的认识文物的学科的能力所能胜任的，和现代文物保护科技对需要保护而能将其较好地保存下来的遗存；凡当代考古学或其相关的认识文物的学科的能力所难以胜任的，或现代文物保护科技对需要保护而不能实现妥善保存的遗存，除那些存在环境不能保证其安全的外，都就地保护起来，绝不发掘。这里说的“能力所难以胜任”和“不能实现妥善保存”，归根结底，在于这些学科或科技的时代局限性。这“局限性”出于“时代”，随着这些学科或科技的“时代”进步，其“局限性”便将被突破，突破到对这些被保护（或曰封存）的遗存可以发掘时，就可将这些遗存揭示出来。所以“绝不发掘”中的“绝”，是相对一定时代而言的，从“时代”长河来看，则不存在“绝”。由此推而知之，发掘与不发掘（或曰保护），均是相对于时代而言的，人贵自知之明，一定时代之人，做一定时代之事，从考古来看，做超越时代的发掘，就将造成对遗存的破坏。这破坏遗存的事，我们考古者不能做。每一时代的考古工作者，均只能一边植树（保护），一边摘果（发掘），我们要有这个自知之明，有了这个自知之明并自觉地付之于实践，考古学才能持续发展。

二是我曾经就评估考古学和考古学者的学术水平的标准，讲过一些话，加上现在的认识，综合起来可概括成这样的一段话，即：从同质等量的遗存和同这遗存相关的人中吸纳的信息的种类多寡、准确程度、质量高低和数量多少，是评估考古学和考古学者学术水平的唯一标准。这信息的内涵很广，既指遗存及同这遗存相关的人的本体，又指遗存与遗存、人与遗存，以及人、遗存、时、空或遗存、时、空之间的关系，即是指从考古工作中可见到的这些方面的相关信息，也包含只有通过自然科学和科技手段的观察与检测才能得到的这些方面的相关信息。如果我讲的这些话还有些道理的话，那么，从类别、准确性、质、量诸方面，拓宽和提升发掘单位和遗存单位释放的信息的吸收能力，增强吸纳遗存释放信息的能量，以提高和扩增发掘单位和遗存单位信息收获的质与量，便成为推进考古学发展和考古学者提升自身学术水平的核心追求。要拓宽和提高发掘单位和遗存单位释放信息的吸收能力，就得切实提升田野考古水平和奋力发展考古学及其相关的认识文物的学科的学术研究能力。考古学拓宽和提高了发掘单位和遗存单位释放信息的吸收能力，就可以使考古学走出粗放经营，实现精耕细作，增加发掘单位和遗存单位的信息收获的质与量。增加了发掘单位和遗存单位的信息收获的质与量，就能在减少发掘面积和同类遗存单位数量的情况下，获得在未增加发掘单位和遗存单位的信息收获量的情况下需要发掘大得多的面积和数量大得多的同类遗存才能吸取的同质等量的信息。这样，便可将那部分不必要发掘的遗存保存与保护起来，如此就同时增加了考古学利用文物中的保护文物这一因素的含量。可见，增强考古学吸纳遗存释放信息的能量，将节省下来的遗存保存与保护起来，是考古工作纳入文物保护体制的具有根本意义的追求。

三是据《中华人民共和国文物保护法》来看，考古工作分为建设中考古和主动性考古两项，在经济新常态形势下，国家建设总的规模虽会缩小，但城镇化、国土治理和交通，尤其是高铁和能源基础设施（如输送油气的管道以及储存设施）的建设则会增强，并将呈现一定规模的发展，因此，建设中的考古工作在今后相当长的时间内的任务，仍将相当艰巨。我们应如以往那样，将主要考古力量集中投入到建设中的考古工作，同时增加一些主动性的考古工作。如何将建设中和主动性的考古工作纳入文物保护体制中来？关于怎样将建设中考古工作纳入文物保护体制之中的这一问题，我看只有这样一个办法，是只发掘当代考古学及相关的认识文物的学科的能力所能胜任的和文物保护科技对需要保护而能实现妥善保护的那些遗存，退一步说，也可发掘当代考古学及其相关的认识文物的学科的能力所能基本胜任的，且在同类遗存中所居位置不那么重要的遗存。除此之外，对凡当代考古学及其相关的认识文物的学科的能力所不能胜任的，和文物保护科技不能对需要保护且实现妥善保护或保存的遗存，则不能发掘，考古工作者应本着职业良知，依据《中华人民共和国文物保护法》等法规规定，将这类不能发掘的遗存上报有关的文物行政管理部门，建议有关部门改变建设方案，使这些遗存得到妥善地保存与保全。

关于怎样将主动性的考古工作纳入文物保护体制之中的这一问题，我认为应投入这样两类遗存领域：一是找寻尚未发现的遗存和虽已进入发现名录而未确定保护级别的遗存；二是已确定保护级别的遗存。对后者的考古工作，应服务于这类遗存的保护，如通过考古工作确定这些遗存的范围及其格局结构，提出保护范围、控制地带和如何保、怎样保这类学术建议，对于其中已被确定需建设成国家遗址公园者，则需回答在保护前提下怎样建设成国家遗址公园和建成什么样的国家遗址公园，以及如何将考古工作持续地进行下去这类有关国家遗址公园建设的顶层设计所应思考的一些问题。关于前者的考古工作，则可参照我前面提出的关于建设中考古的那些办法进行。至于应将主动性考古工作投入哪类遗存，以及投量多少，需据各地区情况而定。凡已做好或基本做好了已确定保护级别的遗存的保护工作的那些地区，则可将主动性考古或主要的主动性考古工作投入找寻尚未发现的遗存，和虽已进入发现名录而未确定保护级别的遗存。凡未做好或基本未做好已确定保护级别的遗存的保护工作的那些地区，则应将主动性考古或主要的主动性考古工作投到已确定了保护级别的遗存的保护工作之中。总之，建设中的考古工作也好，主动性的考古工作也好，所追求的目标应是：

其一，发现新的遗存。

其二，搞清楚新发现的遗存和已进入发现名录而未确定保护级别的遗存的价值，并根据其价值，通过法定程序，将其列入与其价值相应的保护级别名单。

其三，做好已确定保护级别的遗存，尤其是国保和省、直辖市、自治区保护单位的遗存的保护性的考古工作，并根据县、市、省保单位遗存的价值，依照《中华人民共和国文物保护法》的规定，将其提升为同其价值相应的或是市保，或是省保，或是国保的单位。

其四，是找寻学术课题，实现课题目标的学术研究。除上述三项工作应纳入一定学术课题的研究外，各省市、各地区和全国还需据当今考古学的现状，设定一定的可求索、可操作的学术课题进行研究。为了实现这设定的学术课题所确定的学术目标，除了需要深入地研究已发表的考古报告外，可能还得开展一些新的田野考古工作。为实现学术课题目标而需开展田野考古工作的遗存，除这里所说的“第三”部分讲的以外，如涉及需进行大规模发掘者，我认为以限于这样的一些遗存为宜，即是当代考古学及相关的认识文物的学科的能力所能胜任的和文物保护科技对需要保护而能实现妥善保护的遗存，以及当代考古学及其相关的认识文物的学科的能力所能基本胜任的且在同类遗存中所居位置不那么重要的遗存，以及难以列入保护级别的遗存。

中国考古学应以实现上述四项追求为基础，提升自己的学术素养和学术水平，向前推进中国考古学的发展。

四是凡是经发掘过的遗存，均需编写并出版好考古报告。近十年来出版了不少考古报告，相对于发掘的遗存来说，出版考古报告的比例，已增加很多，这是可喜的现象，值得庆幸，但问题还是存在的：

其一，和以往的考古报告相比，质量较好的报告，在出版报告总数中的比例，实下降了不少，即使是质量较高的报告，也未达到以往高质量报告的学术水平，同时还出版了一些质量很不像样的报告。我希望改变目前存在的这些情况，至于那些报道的遗存较为重要而编写得很不像样的报告，我建议有关当局责令相关部门组织人力重写。

其二，是旧账基本未还，又增添了一点新账，无论旧账，还是新账，都得还清。不还清，实是相关的考古单位和考古工作者对文物铸成的大破坏。追还旧账，是对这部分文物实现抢救性保护的必需。我建议认真地清仓查库，凡应写成而还未写成报告者，均得组织人力，制订并落实计划，按期保质编写和出版好报告，对出于诸种原因而难以编写完整报告者，也得组织人力，核实清楚，能发表多少资料，就发表多少资料，能发表几个单位的资料，就发表几个单位的资料，只能发表一个单位的资料，也应将其发表出来。我们总不能泯灭掉这处本来存在的遗存！

五是要站在当代学术高峰上，认真踏实地尽量缩小考古学利用文物中存在的破坏性因素，极力地扩大考古学利用文物中存在的保护性因素。要实现这样的追求，除了前面讲到的关于田野考古、室内整理和编写报告应实现什么样的目标和怎样实现这样的目标外，我认为还要努力地做到这样的几点：

其一，务实地以现代科技将考古学武装起来，以提高考古工作的能力、效率和质量。

其二，开展考古学遗存的多学科研究，务实地运用现代自然科学与科技测试认知和研究考古学遗存，以增进对考古遗存释放信息的吸收能力。这里所说的务实，是以能否解决问题为标准，即无用的不用，有用的就用。无用与有用，不是马上就能得知的，其中有一个现代自然科学或科技与考古学遗存实际相结合的问题，有的时候，看似无用，其实是结合不好，所以我们应提倡实验，耐心地和积极地追求搞好结合工作。

其三，是采集好必要的可以保存的遗迹标本，并自发掘开始，至开始编写考古报告之前，就得以积极的态度尽最大的努力开始并完成修复器物的工作，尤其是拼对陶片、复原陶器的工作。考古报告出版之后的一定时间，负责编写考古报告的人员，就得向有关当局指定的一定部门，清楚地点交好自考古发掘之始至写成报告之时所经手的一切文字、绘图、录像及照片、日记、笔记、卡片、测试报告和报告初稿、修改稿及定稿，以及所有文物（包括陶片），做到自动地“净身出户”。

其四，掌握上述资料与文物的有关部门，应切实地做好这些资料与文物的永久性的保管、保存与保护，并在考古报告出版之后一定时间，公开开放这些资料与文物，提供方便，供研究人员自由研究。

怎样将考古学纳入文物保护体制之中，我想到的就是上述五点认识，自然不全。我认为主要的还是都谈到了。然而，这也仅是纸上谈兵，要将其付之于实践，则有赖于国家文物管理部门之加强管理。这五点认识，有的具有现实的可行性，可经操作付之于实践，有的只具未来性，要使之具有现实的可行性，尚需作一定的或相当的学术研究。所谓加强管理，是国家文物管理部门认为可以采纳之后，对凡具现实可行性者，可操作成为要求执行的具体的目标管理规定，对仅具未来性意义者，则当纳入规划，组织人力研究。从我们考古工作者职业责任和职业道德来看，如果认为我提的这五点认识还有几分道理的话，对凡具现实可行性者，则应将其操作起来，使之付之于自己的实践，对仅具未来性者，有兴趣的话，可参与研究研究，以推进其发展，使之成为具有现实性的可操作的认识。

我讲的就是这些，供朋友们讨论、参考。

附记:2014 年 11 月 26 日下午，在贵州省文物考古研究所于遵义市博物馆召开的学术报告会上，发表了这个题为《考古学与文物保护》的演讲。赵小帆同志据录音整理成稿送我。我看了之后，认为不成样子。所以如此，是我讲得不好。在赵小帆同志恳切要求之下，下决心，花了近两个月，写成这个文稿。在此，我既要对小帆同志和参与报告会的同人说声对不起，又要对小帆同志整理录音稿付出的劳作及其耐心的催促道声感谢。要是没有这个录音稿，我也不能改写成现在这样的稿子。另：此稿是宋小军打印的，对他为此付出的辛苦，一并感谢。

（2015年2月23日16时30分，小石桥）

我研究社会制度的历程

今天我讲讲我研究社会制度的历程。这是什么意思呢？就是通过我对社会制度的一个大致的研究过程，来说明我对这方面所涉及的问题的一些基本认识。今天我讲两个问题，一个是关于社会制度的探讨，另一个是关于文明起源形成和国家形态演进的研究。

我根据考古学遗存研究中国古代社会制度，始于1958年参与主持的陕西华县元君庙墓地的发掘，至今快60年了。这个阶段又以1990年11月28日我在河北省文物普查总结大会上发表的“河北考古学研究与展望”的讲话为界，可分为前后两段。前段主要研究社会组织，后段则以文明起源形成与走向秦汉帝国的道路作为重要的研究课题。两者也存在一些交集，如后段我也在诸如《黄河流域史前葬俗与社会制度》《仰韶时代——史前社会的繁荣与向文明时代的转变》这些文章中对社会组织进行过一些探讨。

一、关于社会组织的探讨

我对社会组织的探讨，也可分为两个阶段。写成于 1978 年的《大汶口文化刘林期遗存试析》一文，可作为划分这两段的主要标志。前段主要研究半坡文化社会组织；后段所研究的材料较为广泛，地区以黄河流域为主，也部分涉及长江流域，年代则包括自半坡文化之后的西阴文化、半坡四期文化、泉护二期文化和龙山文化乃至夏王朝时期等诸考古学文化的含男性居本位的合葬墓的墓地，以及部分居址类资料。可见，我研究的社会组织基本都是研究墓地、埋葬制度的。可以说，到我写文章的那一天，把所有发表的、涉及我研究对象的墓地，都一一进行过研究。大约在我之后，涉及这个主题的，也没有发表新的材料。因为材料没有变化，所以我的观点到现在也基本没有变化。关于社会组织的研究分为两个阶段，一个是半坡社会文化组织的研究，一个是以含男性居本位的合葬墓的墓地为主的研究。现将这前后两段分别做些说明。

1. 半坡文化的社会组织的研究

对半坡文化社会组织的研究，我想分两个问题讲。

第一个是我通过研究半坡文化社会组织所产生的基本认识，在这里向同学们说一下。主要分这么几点：

其一，据居地和墓地的格局和结构来看，指出半坡文化的居地和墓地是由一从下而上聚类或自上而下分类成三级的人们共同体，住居或死后埋葬的居地。居地是由居地（或村落）、大型房屋及若干小型房屋群（有时其中还包括一二座中型房屋）、小型房屋及以此形成的单位这三级。墓地依次为墓地、墓区和合葬墓所代表的单位。小型房屋组成的小型房屋的群体相当于墓地中的合葬墓所代表的人群单位，也就是说，小型房屋的群体和合葬墓所代表的家族所代表的单位相一致。小型房屋内居住的人不是一级独立的实体，但以家族为基本单位，家族之下的那些个体不是一个独立实体。

其二，合葬墓内的成员，至少由三代人构成母权家族。母权家族是相对独立的基层单位。在这个基础上，居地和墓地属于母权制单位。半坡文化的居地和墓地的规模基本平等，大约居地面积为 4 万平方米，是否有部落联盟组织，尚不得而知。就是说，在居地之上，是否还有一级组织，这个还搞不清楚，因为这些居地无大小之分。所以，即使有（上一级组织），也应该是为联系方便而构成，不会成为上下级的隶属关系。

其三，家族不仅是个亲族单位，也是个财产共有单位。家族中的当家母亲，掌握了家族的财权和生活资料的分配权。她会通过成丁（这个仪式），给还不到成丁年龄的姑娘提前开个后门，让她举行成人典礼，进入成年人的行列，意义在于可以进入公共墓地。例如，元君庙只有女孩进入了成人墓地。别的地方发现的墓地中都没有男孩。表面上似乎合乎规定，而实际上却在成丁年纪之前就让这女孩通过仪式进入成年人行列，而且把一些财产还分配给她（成丁姑娘），获得了成年人的权利，并且能继承财产。这样就可以知道，当时已经出现了可以传承的私有制。至于私有制的范围，那当然基本上是动产方面，而不是不动产方面。这是我的第一个基本观点。

第二个问题则是我是怎样研究元君庙半坡文化墓地的。

我要把这个事情讲出来，就让大家可以根据我研究元君庙的经历，来看看我是怎么研究的，以后你们要是有机遇，可以像我研究元君庙墓地那样去研究，或者在我的基础上加以改进。我想就这一点讲四点。

其一，是研究半坡文化元君庙墓地的知识准备。

我是 1958 年带着学生到元君庙去进行发掘的。本来是发掘泉护村，但是到 12 月的时候，有老乡送来一件器物，说是元君庙发现的，于是就开始了元君庙的发掘。在这之前，我的知识准备想从两个方面谈。那个时候，苏联有个吉谢列夫，20 世纪 50 年代初期来华讲课，在中国还是比较有影响的，他是苏联科学院的通讯院士。他写过一本很有名的书，叫《南西伯利亚古代史》，把南西伯利亚从史前一直到青铜时代排出了序列。其中我感想最深的，就是他根据墓主人的性别去看随葬品的区别，研究墓主人生前的分工。从男女性别不同，研究社会分工。我是坐下来，每段文字都靠着字典读下来。第二是我在民族学的准备。大约进入元君庙之前，我听过两年多民族学的课程，就是涉及苏联专家讲的，林耀华、费孝通等以及当时有名的一些民族学家的课，我都听过。而且我读的民族学的书，凡是汉文翻译的西方文献及著作，我都读过；俄文的原著，以及当时俄文翻译的民族学遗存、民族资料遗存、民族资料研究等，我都认真读过。包括这个时期和后面一段时期，1949 年以前的涉及中国民族的调查材料，以及 1949 年以后的民族调查材料，我都读过。1958 年、1959 年以后我还在读。尤其是我认真读过《古代社会》和马克思关于这本书的笔记，还有恩格斯根据摩尔根的《古代社会》和马克思的杂记及遗言所著的《家庭、私有制和国家的起源》，那是我在大学中就认真读过的，而且这个时期我也反复的读过。我有这样一个知识准备，想通过这个传达一个信息，我们研究考古学，就是研究遗存，你可以看到遗存的具体东西，还有你在墓葬里面随葬品的组合，以及这个房屋和那个房屋的关系，这就是一个形态表达。我们研究的有些东西不是直接看到的，而是根据它的格局和相互关系所释放的一些信息。那么，你要研究遗存，就要捕捉它释放的信息。为什么有些人能捕捉，有些人捕捉不到？我看就在于研究者有没有知识准备，就是说，有没有吸纳遗存及其释放信息的这个软件，这很重要。我今天跟你们说，当年搞元君庙这个墓地的发掘，不仅是我在搞，除我之外，还有中国社会科学院，还有一些其他的研究者。为什么他们没有研究到我这个样子？我觉得最重要的就是知识准备。所以我希望大家在大学、研究生期间，你想攻读哪一科，那么涉及有关学科的知识，目前研究的现状及研究的方法、得出的结论，你们一定要掌握好。不然，那个释放的信息明明在你眼前，却流失了。有的还要用新的手段去揭示或解释这个信息。

其二，考古学的层次有高低。

例如说，金石学是研究器物，考古学是研究单位，那么一个地层、灰坑、房屋、墓葬就是一个单位，但是还有更大的单位，如一座墓地、居住地、城址等。例如，属于半坡文化的元君庙墓地，即是我做的对这样更大的单位的研究。所以，我的一个体会是，考古学它的高低，它能观察的多远，有多广阔的视野，在于所发掘、研究的单位大小，研究、发掘的单位越大，所看到的范围就越广阔。我觉得我今天来说，我对元君庙墓地的研究，实现了对墓地单位的研究，当时是开创的，既对墓地结构、格局等做了研究，同时又抓住了基层单位的解析，又做到了对大单位的细胞——合葬墓的解析。

其三，尽可能地运用、发掘遗存信息的能量。

例如，以前鉴定人骨都现场鉴定，现在，基本上是全部都不在现场鉴定，而是把人骨取回来，搬到实验室去鉴定。这个过程就要损失很多信息。我之所以能把元君庙男女性别、年龄都鉴定出来，就得益于现场鉴定。当时我一看这些人骨，又是合葬墓，那么为什么他们埋在一起？他们的葬式是否有区别？有什么区别？因为我也得到吉谢列夫对南西伯利亚研究的启发，所以我也开始人骨鉴定，就到西安医学院请搞解剖的人来研究。鉴定完之后，我们包装好这些骨头，当时尹达还去了，他在元君庙说：“你们这些人头骨还装（包装）得不错，我们当年在安阳发掘的时候，都用窗户纸糊那些人脑袋。”我把这些骨头，到挖完之后，就找考古所拿回去做人种鉴定。他们派来了一个助手，是个女孩子。结果后来发表材料的时候，她说她只收到一个完整的人头骨。你看，这就显得现场鉴定的重要性。所以我现在都建议一定要现场鉴定。这样的话，我们就可以做到这么两点：一是根据人骨的年龄、性别去观察不同性别、年龄与墓葬结构、葬式和随葬器的关系，是否存在年龄、性别的分工，以及合葬墓中的不同性别、年龄的人与人的关系，以及不同性别、年龄人的地位；二是探讨死者生前疾病、健康、寿命这类问题。这个讨论死者的健康状况，元君庙是具有开创性的。那就是在附录里面写的。后来有人抄，成段的抄，他说他不知道是张先生写的。我就说，那不是我写的，别人写的你就可以抄了吗。

其四，是对同一文化墓地要努力进行层位学和类型学的分析研究。

这个问题，我就多讲一点。刚开始，我们一挖掘墓地，是南北成排的，发掘过程中就不断地按这个排，大家一看大致上就可以把它分为六排。即是从东而西（图一），最早挖的就是 M401、M402、M403 这三个墓，一看就是成排的。这里有一段元君庙的墙，可能破坏了下面的墓葬。接下来又

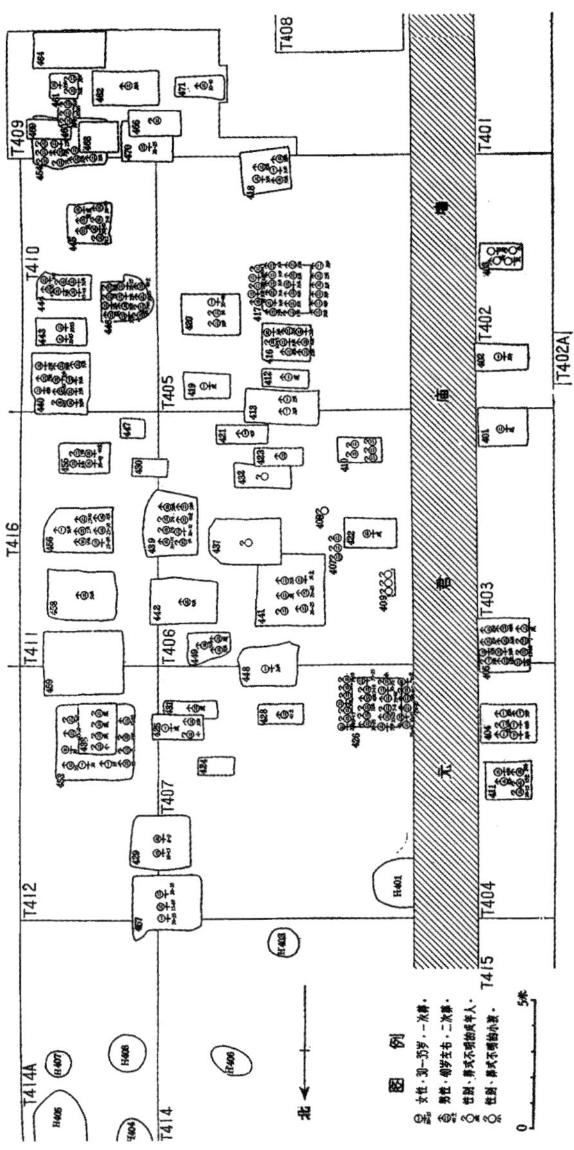

图一　元君庙仰韶文化半坡类型墓地图

是一排、第三排、第四排、第五排、第六排。我一看是成排的，我这个《古代社会》《家庭、私有制和国家的起源》又可以背得滚瓜烂熟。我想，这个一排是什么墓地啊？那就是氏族墓地。那六排呢？六个氏族是什么组织啊？那就是部落组织。摩尔根说氏族有个公共墓地，这是以部落为单位的墓地啊，氏族墓地在部落墓地之中。我再读摩尔根的书，果然他说的那个氏族墓地是一行的。第一行是某某某氏族的墓地，第二行是某某某氏族的墓地，第三行某某某。我一看这不也是氏族墓地在部落墓地之中吗？所以以前读书呢，读了好几遍也没想到这一点。这次有了这个材料、这个问题，再去读，就能抓住氏族的主要特征了。我就觉得，咱们是六排，每排是一个氏族，一个氏族（一排）里面有若干合葬墓，你看那就是家族墓了。然后，就是氏族、部落了。后来到了 1959 年 12 月 24 日收拾好全部元君庙的发掘（材料）回北京的时候，我的文章已经写完了。怎么个写法呢？六排，六个氏族，一个部落，家族是包括三代、四代男女老少的，是一定时期死亡者的合葬墓。这个家族的墓葬基本是正确的。苏秉琦先生说要分期，他说这个器物可能分期，那个器物也可能分期。1961 年 2 月我被调到吉林大学，（为了这个分期）每年寒假、暑假到北京大学修改报告，苏先生还不通过。1964 年，我觉得我总是被拖到北京大学来写报告，到吉林大学去工作了也要好好表现、好好工作、好好讲课，拿点著作出来呀。我就想赶快结束这个（分期）工作，我就开始搞元君庙的分期。

但是做来做去总是做不出来。于是，有一年我就找到苏先生，说我按照你的提法这么来分了一下，没有分成。按照你某次讲的提法，我分了一下又没分成。我另外想了什么办法来分，也没有分出来。苏先生脸色一变，沉着脸，我还没看过他这么一副脸色。我说已经快要吃饭了，那时候经济困难时期刚过，他住的地方有食堂，我临时住的房间在北京大学，左侧就是一个食堂。我看苏先生情绪不好，我就说那我是不是再考虑一下，但是他屁股黏在座位上不肯走。后来先生走了，我就跟在后面，看着他（55岁左右）的脚步是蹭在地上走。他说要我回去，我也不愿回去，就跟在后面走。他又说："你回去吧。"他说了三遍。那送君千里终有一别，我也不能把他送回去。我说这个老头，怎么非得要我分期，这个报告是我写啊，他又不署名，就是个指导。后来我想通了，这是他对科学一个执着的忠诚。在我们那个时候，受党的教育，要把1949年之前留下来的这些教授说成是资产阶级知识分子。我就想，这个资产阶级知识分子怎么这么执着，我想当无产阶级知识分子，他为什么一定这么固执。接着第二个想法，科学这件事情，不怕一万，只怕万一。想到这个，我就到那个食堂打了一份菜，吃了两个窝窝头，喝了一碗稀粥，就干活去了。这一干，就是三个昼夜。我差错在哪里？原来我把那个罐子不按种类、样式就放到一起来排队，把它们放到一起来分型分式。实际上，这个罐子按照过去的经验放到一起本来没有错，类型学本来也没说按纹饰不同来分别排队，到现在又不一定了。我排来排去，就看到了组合关系，有些有打破的组合关系，恰恰发现一定形式的尖底瓶和一定形式的弦纹罐在一起，另外一种形式就和另一种形式的在一起。我就按照这样子排起队来了，然后就产生了这个表一，又确定什么情况下墓葬的期别，又根据这个期别的产生确定了墓葬的年代。之后，我再去把拼图打开，看我的分期对不对，这是个检验。你看看（见图一），第一排是第一期的，第二排是第一期的打头。基本上这里有个一期，这里叫作第二期，第三排第三期，这里有个三期的，其他都是一期、二期、三期。那按照这么一分，我就应该说，从这里分开，前面三排由东到西是一个墓地，包括一二三期；第二，四五六排包括一二三期，又是一个墓地。

所以，并不是六个氏族，而是一个墓地两个墓区，每期都有不同数量的合葬墓。合葬墓是什么单位？这是我根据分期来制定的一个图（图二），是科学的。我这里有创造性的：第一，第一次自觉地以一个墓地为单位进行研究；第二，实现了在现场全面的人骨鉴定；第三，对一个墓地进行分期研究，确定了墓地的结构和布局；第四，还有氏族墓葬，438、460、461 号墓是打破其他墓葬的墓葬，它们也是属于元君庙半坡文化的，但是它和第三期的墓葬在类型学上来判断年代的有一个距离，我把这个氏族墓葬没有排到另外的 53 个墓葬里，因为它实际上是属于另一个墓地的，但我找不到解释，所以就排出来。到 20 世纪 70 年代挖掘史家村时，

表一 元君庙仰韶墓地部分出土陶器表

组	墓号＼器型	炊器							水器				盛器								其他
		ⅠAc	ⅡAb	ⅠBa	ⅡBa	ⅢBa	ⅡBb	ⅢBb	Ⅰa	Ⅰb	Ⅰc	Ⅱa	ⅠAa	ⅠAb	ⅠBa	ⅠBb	ⅠBc	ⅡAa	ⅡB	Ⅴb	
四	466	1									1				1						
三	468							1								1				1	
	425						1								2					1	
	470		1				1			1			1			5					夹砂罐1 残钵1
	469		1				1		1						1	1	1	1			
二	454		1	1					1				1	1	2						
	431				1																
	437					1			1						1	1			1		
一	441		1									1	1								残钵2，小口尖底瓶1

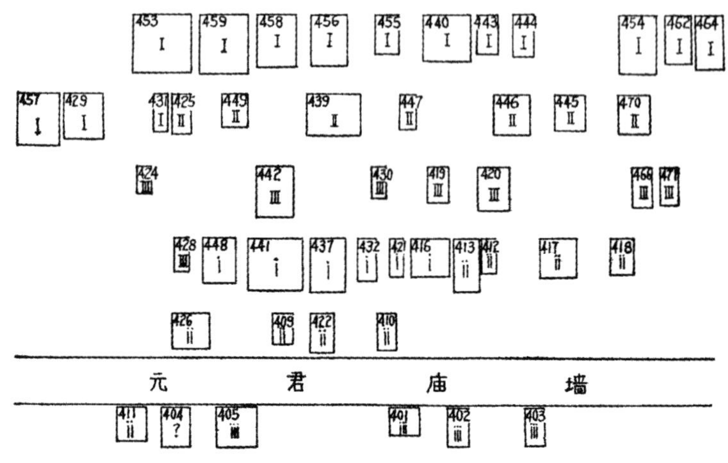

图二　元君庙墓地布局

说这个史家村的墓地就是相当于一个氏族墓地。后来我再研究，发现很多墓地还没有建成就被遗弃了。这个我就搞了好几个破天荒。那个时候，我写成初稿，犯错误时，是一个墓地六个氏族还有合葬墓，那是 20 世纪 50 年代。我写完文章发表的时候刚 30 岁，还算年轻。这个考古学就这么跟着材料跑，搞出来很多原创性的东西。那我为什么又说合葬墓是母权家族的合葬墓呢？例如，M405 中的第 12 个小孩是一次葬，其他人都是二次葬，有男有女（图三）。那么，这个一次葬一定是最后死的，二次葬那些人一定死于一次葬之前。一次葬所鉴定的死亡年龄和二次葬鉴定的死亡年龄的差距是他们生前最小的年龄差距。这个很多人搞不清楚，就拿着死亡年龄说大小和葬式。通过这些鉴定，我就发现这不是几代

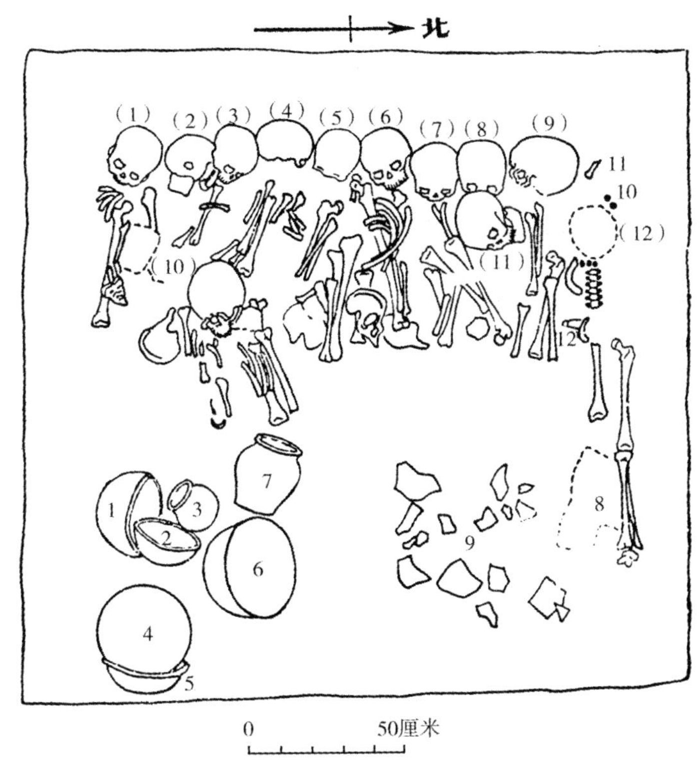

图三　元君庙墓地 405 号墓

1、4、6、9. 钵　3、7. 弦纹罐　5. 盆　8. 夹砂罐　10. 骨珠　11. 骨笄　12. 蚌刀

人的或夫妻的合葬墓，它往往男女不平衡，一般是女性少于男性，但又不能解释为一妻多夫。M420 随葬品是成年人的，是这个墓地里最丰富的，又是一个女性带着小孩。所有墓地里只有男性老年人的随葬品能和这个墓葬相比，但是成年人的墓葬一般不能相比。另外，M429 的女孩合葬墓都是六七岁，

没有一个男孩进入这个墓葬。因此说是女性继承，男性的太太或者同居的或者姘头，死后不葬在一起，就是这样的。那么就搞出来最基层的是一个三四代人的家族墓葬，最多的可以 25 个人葬在一起，最少的七八个人，突出了女性，而且有私有财产。我就是这么研究出来的。其他男性都是葬在外面，不是一套东西。这个我就犯了教条主义，首先是读而不理解。怎么说这个六排是六个氏族，那上面就是部落呢？那氏族为什么有公共墓地，而且又在部落墓地里面呢？如果在部落里面，那就不是氏族单一的公共墓地。这就是自己没有读懂，没有认真去读。第二个问题就是拿着这个框框。如果不按照苏先生的分期，我就是六个氏族一个墓地了，苏先生逼着我分期，花了三个昼夜，然后去找苏先生报告，我就跟他说我是怎么分期和定年的，以及这过程，苏先生听完就说："不要说了，吃饭去了。"然后苏先生就请我吃了一顿饭。他追求什么？就是追求科学的真实性。离开求真，就谈不上科学。你不求真就无法务实，那不是无产阶级司令部撒谎吗？最大的力量就是求真。我就通过这些方法，把半坡文化的居地、墓地都研究了，得出了这么一个结论，你们去看《中国通史》第二卷《远古时代》中的第二节《仰韶时代前期》。

中间还有一个最重要的发现，《母权制时期私有制问题的考察》，大概是 1981 年写的。这篇文章当时是一场战斗，发现那是私有制，马克思没有说过私有制是产生于母系，而是产生于阶级社会，至少也是父系社会，我现在说它是母系社会，那还有原始社会吗？共产主义是原始社会的发展，你否定了原始社会的平等性，说它有私有制，那到了共产主义要消灭私有制，我要担多大风险！我这个文章写不写啊？想来想去，要求真，于是写了，又来一个破天荒。当年，有些人看了我的文章，说不知道哪个老兄，不想活了！居然敢写出这样的文章来。后来偶然见到我张忠培，还说：一个小个子，胆子这么大，不怕死啊！所以我就说，科学研究是要担风险的，求真不是那么简单的。我想，我还可以说这么一句话，我是实事求是，还没说过违心的话、做过违心的事，这就是这样的一个科学训练的结果。

2. 通过含男性居本位的合葬墓的墓地的解析产生的认识

我在1964年完成了《元君庙仰韶墓地》，1979年在“中国考古学会成立大会暨第一次年会”上宣读。我这本书，到1983年才发表。当年一个是“文化大革命”，一个是被别人压迫。后来人家收了，说我这本书能不能按照文章，分成上下两篇在某个地方发表一下？后来我就不发表了，要发表就是一本书。1978年完成了《大汶口文化刘林期遗存试析》，开始了父系氏族制发展阶段的研究。我考察了当时所有含男性居本位的合葬墓的墓地，于1986年之前基本完成了中国父系氏族制社会的考察，先后撰写了《齐家文化的研究》《中国父系氏族制发展阶段的考古学考察——对含男性居本位的合葬墓墓地的若干分析》，这样我就把中国从母系到父权的演变过程，既可以按谱系，又可以超越谱系做了一个全面的解析。那么父系，大致上可以分为三个阶段，一个是父系，一个是像马克思说的父系制的完全确立期，第三个就是罗马型的父权制阶段。以后期大汶口标为父系制确立时期，这个阶段的葬制所表述的父系家族情形，“十分明显的和扎德鲁家一致”，而以柳湾齐家文化墓地和皇娘娘台齐家文化墓地，这“齐家文化两处墓地，尤其是当这文化推进到皇娘娘台时期，葬制所显示的现象，以及从对它们的分析中，可以看出和罗马家族有许多相同的特征，集中到一点，就是父权的统治，达到了恩格斯所说的完善的典型阶段”。我就把这个划成了父权制的罗马型的阶段，就是专制型，前面是民主型，再前面就是一般的父权社会，这三个阶段。当时我研究这个没有和我的老师林耀华打招呼，当年我的老师指导一个学生就研究了一些父系制的问题，这个学生就提出父权制有两个类型，一个扎德鲁家型，一个罗马型，后来我文章写完发表以后，我看到了他的这本书，发现和他意见一致，不过他看到两个类型是同时的，而我这里既可以提出地层关系，又可以通过类型学排出个年代早晚，因为民主型在前，专制型在后。这就是考古学的优势。

当然考古学也有局限性，它从墓葬中看到的社会制度的特点不如民族学所看到的那么广阔，这是事实。当然它也有优点。民族学是根据同时代不同民族的状况，按照社会演化或进化论的观点再进行排序。我们考古学有个历史的研究，有层位学和类型学以及分期的研究，我就完成了这个东西。完成这个之后，1989 年有个风波，我被卷到这个里面去了。我一想，中国怎么有土壤问题，我就从中国的历史上来考察，也读了很多书，国际革命、外国近现代史、党史、世界史、中国史等，形成的第一篇文章就在 1990 年，这个文章应该说不成功，基本按照林先生的观点再加以自己的理解，说了一通话。我真正扎根文明的研究，是起源于良渚文化。

这个父权制有几个阶段：刘林期 M102 一对男女的合葬墓，男左女右，女左男右，没有定论，刘林期就相当于西阴文化。第二阶段相当于大汶口文化花厅期，比刘林期晚一阶段，其 M1 是合葬墓，男的在中间，女的在旁边，男的身边有大量随葬品，女的基本没有；大汶口 M35 也是男的居墓中，身边大量随葬品，女的身边带着小孩，无随葬品。这就显示了父权制既对妻子是一种权力，对儿子也是一种权力。第三个阶段是罗马型的，柳湾（齐家文化）M1061，男的在棺材中，女的屈膝跪在棺材外面；皇娘娘台 M48 是男女合葬墓，一男，两边都有女的，女的侧身屈膝。男女的不平等性就体现出来了。就这么简单地说一下，你们要细致地去读文章，就肯定不止这些内容了。

二、文明起源、形成和中国国家形态演进的研究

我自 1958 年发掘元君庙墓地起，开始考古学遗存的社

会学式的解析和研究，坚持至今。我的导师苏秉琦先生的文明起源、形成与走向秦汉帝国历程的研究始于 1983 年东山嘴遗址座谈会。作为门生，我追随其后，以 1990 年发表的《河北考古学研究与展望——一九九〇年十一月二十八日在河北省文物普查总结大会上的讲话》为界分为两段，此前以通过墓地的解析探讨社会基层组织为主，此后的研究重点转入了文明的研究。1994 年撰写的《良渚文化的年代和其所处社会阶段——五千年前中国进入文明的一个例证》，阐述了“王权源于君权，掌握着王权的统治者必定执掌了军权。所以中国文明的起步就具有专制主义的性质”。此后有十余篇论文较系统地讲述了我对中国文明起源、形成以及中国国家形态演进历程的认识。这些论著均收录在《中国考古学：走向与推进文明的历程》这本著作中。此后还写过两篇文章，没有收录在这里面。最重要的还是关于良渚文明的表述，发表在前年或大前年的《考古学报》第一期。

关于良渚文化研究和我真正以材料为主去进行社会制度和国家的研究开始，首先，我以良渚文化为切入口，这样的话，我提出了三个方面的重要论点，一个是把良渚文化的早期年代（龙山时代）提到花厅期的大汶口时期，它的晚期是到大汶口晚期（即西夏侯期）。就是说，良渚文化的年代不是处于龙山时代，而是早于龙山时代，与大汶口的中晚期相当。也就是说，放到黄河中游的话就相当于半坡文化四期，或者泉护文化二期，还没进入荆村文化时期，相当于公元前两千七八百年之前，公元前三千二三百年之后。第二，我说它（良渚文化）不处于文明起源阶段，而是在这个时期文明已经形成了，进入了文明的门槛。第三，这个政权的性质是神王之国。我为什么说它是这个阶段呢？看图四，这是瑶山墓地，这里 13 座墓葬中都有玉器，但是玉器组合、墓葬排列不一样。下面这一排都有玉钺、石钺，有的还有玉琮。但是上面一排没有随葬玉钺和玉琮，都是一些玉器装饰品，其中有两座墓有玉纺轮随葬。可以确定，下面这一排应该都是女性墓，上面一排都是男性墓。这些男性是掌握军权或王权的人。这些女性虽然身份很高贵，有相当部分表示其高贵身份的玉器随葬品，但是她们不掌握这些权力。这就是瑶山墓葬的情况。我就把这些合葬墓和随葬品的组合分为三类：第一类是有玉钺和玉琮随葬的；第二类是只有玉钺，无玉琮的；第三类是既无玉钺又无玉琮的。还有我刚说的下面那排女性墓葬也分为三类，三类的具体情况是：第一类只有玉钺、玉琮，玉钺都无使用痕迹，这是一种象征性的军事指挥权力，似手杖、权杖；第二类只有玉钺随葬的；第三类就是女性玉纺轮随葬的。这是他们的一个统治家族墓地，这个墓地根据我在《良渚文化墓地与其表述的文明社会》一文中的分析，当是安葬一定时期统管一方的某一家族的几代掌权人，包括他们中某些人妻子的墓地，当然没有奴隶。就是这么一个社会，所以我说这个时候的文明处于神王权国家阶段。

我的一些关于文明的基本观点如下：①我提出，中国存

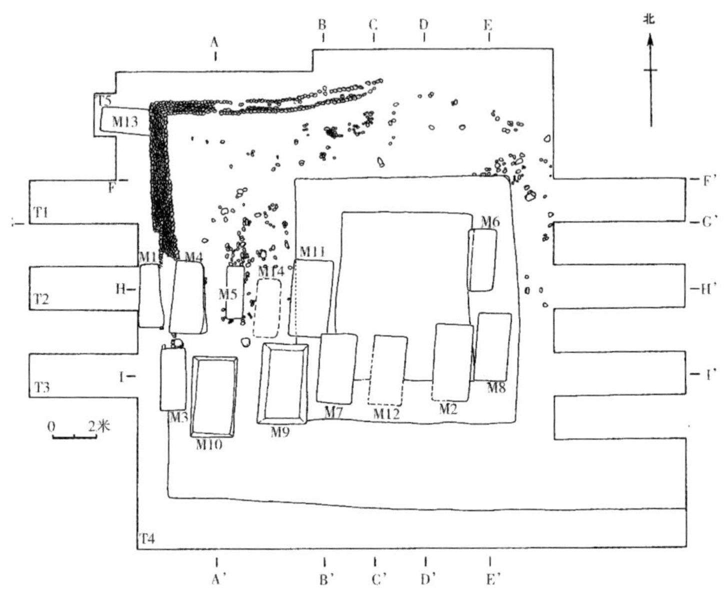

图四 瑶山墓葬分布图

在着渔猎—采集型和农业型两类新石器时代的文化，与牧业型和农业型两类文明。②我的关于中国文明起源形成和中国国家形态演进历程的研究，仅限于农业型文化，对牧业型文明与形成的研究，则仅限于牧业文化如何产生的问题，未涉及牧业型文化的文明起源、形成和其文明的具体形态这类问题。③我对中国农业型文化的文明起源、形成和中国国家形态研究历程的具体认识，可概括为以下这些内容：

其一，国家是文明的概括，国家即为政权，故所谓文明即为政权。国家是文明起源与形成的概括和“国之大事，在祀与戎”，我既是从文明起源与形成的研究中找到了这两个认识，也是以这两种认识来研究文明的起源形成和中国国家形态演进的历程的。

其二，“国之大事，在祀与戎”，则祀与戎的起源与发展，便是文明的起源与形成。故文明的起源与形成，应从祀与戎的起源与发展中去寻找，同时，中国文明的起源与形成，也是中国文化发展的结果。在中国文化发展中，先形成了神权，至西阴文化时期，出现了一定意义的军权。中国的王权，即政权是从军权中演变出来的。故军权出现，则文明进入了起源时期。

其三，公元前三千二三百年时期，即半坡四期文化、泉护二期文化、花厅期及西夏侯期的大汶口文化、半坡四期红山文化、油子岭文化后段至屈家岭文化和良渚文化这些黄河流域、西拉木伦河和长江流域的考古学文化均已进入了文明的门槛。良渚文化，我作过一些具体研究，认为它是神王权国家。

其四，继神王国之后，到了龙山时代，一直延续到西周时期，便进入了王国时期。这王国时期就其发展状况来看，我认为可分为这样三个阶段：

一是龙山时代。这时期的考古学文化居民分属于几个并存政权管辖，这状况同于神王国时期。尧舜禹时代，当处于龙山时期或龙山时代。尧、舜、禹各有其国，同时，又为了协调关系和解决与周边居民的关系，又组成了联盟机构。联盟机构的首脑实行轮流坐庄，被史家粉饰为禅让。这时期实现了占卜宗教革命，其结果：一是实现了宗教的统一；二是神权的地位下降，低于军权。

二是夏商时期。禹将自己在联盟机构中轮流坐庄，或称之为禅让所得到的联盟首脑的位置，本当传给益，他却交给了启，出现了“益干启位，启杀之”之事。这事件反映了启对被分割成若干政权管辖下的先夏文化居民实现了一统政权的管辖。所以历史上的夏朝，就是单一夏文化的政权。夏、商王朝对其扩张的领土，均实行驱赶式的殖民政策。

三是西周时期进入了王国时代的新阶段。两周王朝实行的是以周文化居民或族群为主，即以周族为主，同时容纳众多考古学文化族群于一国之内的政治体制。

夏、商王国将同一考古学文化族群纳入同一政治体制内进行管理，清除了龙山时代，即尧舜禹时代将考古学文化族群分属多国管理而形成的政治与军事壁垒，畅通了同一考古学文化族群不同地域群体的经济、文化交往，增进了同一考古学文化族群的凝聚力。两周王朝推行的容纳不同考古学文化族群于一国之内的政治体制，消除了夏、商王国所形成的单一考古学文化族群国家的政治与军事壁垒，不仅畅通了一国之内诸考古学文化族群之间的文化、经济交流，为同国之内诸族群的融合开通了新的更为广阔的道路，也为周王国之外的考古学文化族群纳入周王国实行管理，提供了广大的空间。

可见，龙山时代、夏商时代、西周时期王国形态的更新，是历史进步的表现，可将其称之为古王国、中王国、新王国时期。

其五，继王国时代之后，至秦汉便进入了帝国时代。西周王国所推行的新的政治体制，是秦汉推行的以皇权为核心，实行郡县管理所建立的以汉族为主体、包含众多族群的中央集权的专制国家登上历史舞台演出的前奏。当然，从西周王国过渡到秦汉帝国，既有继承又有改革。所谓改革，主要指，废除井田制、实行土地私有制，废除世卿世禄制、推行贤能上岗制，从而为文武官僚进入国家管理提供了广阔的空间，扩大了参与国家管理的人群。这一改造经历了漫长时间，东周便是西周至秦汉帝国的过渡时期。这一时期实行的改革，为秦始皇统一六国、建立秦帝国奠定了基础。但是，秦帝国是短命王朝，经历汉朝早期数十年的反复，到汉武帝时期，帝国的政治体制才较为坚固地站立了起来。

其六，毛泽东接受了传统认识，指出“百代皆行秦政制”。孙中山先生领导的辛亥革命推翻秦所创立的帝国体制，从此，中国进入了以党治国，即党国体制的国家政治体制时期。比起“百代皆行秦政制”的国家政治体制，党国政治体制是一巨大的进步。

简单地说，国家形态就经过神王之国，到王国，王国又发展这三个阶段到帝国，帝国应该这么划分时期，这就是我的研究范围。当然我研究的主要是帝国，它的特点、它怎么参政的，这我都研究过。

西方文化的传入、碰撞，我们才知道什么叫作科学、民主、党国，这才有了辛亥革命，使中国的国家形态进入了党国时期。这一时期应该比帝国时期更进步，同时我又指出了，党国这个事情是进步的前提之下，又有两种形态，即专制型和民主型。专制型就是一党专政，列宁说过一段话："阶级通常是由政党来领导，政党通常是由巩固的集团来领导的，而这个集团是由最有威信、最有影响、最有经验而被选出担任最重要职务而被称为领袖的人们组成的。"这就是列宁描述他的布尔什维克。他声称："个人独裁，成为革命阶级专政的表现者、代表者和执政者。"至于我们未来应该怎么办，那就应该搞马克思在《共产党宣言》中所说的自由人的联合体，而要走到自由人的联合体，就要经过"党消亡、国家消亡"的过程。那就要经过"如何扩大社会职能、缩小党和国家的职能"的这样一个形式，也就是我们说的"大社会，小中国"。我们要到一个自由人的联合体，到那个时候，我们的社会才是自由的，大家的觉悟提高了，就按照一定的规矩去行事了。那这是我们未来的希望，不知道这个要什么时候实现。后面这段话，我在论文里说了很多，不做具体研究，我虽然知道一些，但我不好作解剖。引用毛泽东的话，领导我们的核心力量是中国共产党，指导我们的思想基础是马克思列宁主义。这就是我的论点，就是你们一定要深读马列主义，这个写得很明白，你们不去读，还说如何如何，这不是瞎说八道吗。

谢谢！

我看雕龙碑

——2006年5月25日在"枣阳雕龙碑遗址国际学术研讨会"会上的发言

近两天看了雕龙碑遗址的实物资料，粗略地翻阅了《枣阳雕龙碑》考古发掘报告(以下简称《报告》)，听了与会代表的介绍和发言，我想谈谈个人的一些想法和希望。

按照目前学术界及我个人的研究来看，《报告》所分一、二、三期的基础资料大体是可以的。但是，如果以《报告》归入各期属的作为考古学文化分类或分期甚为敏感的陶器或陶片同以往的研究或者其他遗址的发现比较，它的局限性也是有的。如第一期所见细绳纹鼎与年代早于它的边畈文化相似，第三期所见三足盘(T1807 ② A:22)与年代晚于它的屈家岭文化晚期相似，第二、三期彩陶往往互见，第三期所见彩陶在第二期大量存在，等等。是文化的滞后性？还是文化演进较快？或是其他原因？总之不好解释。我觉得可能同该遗址发掘、整理的方法有关联，而这个问题是比较复杂的。

我们知道，考古遗存诸单位遗物的共时性是有差别的。一般而言，墓葬随葬品的共时性最强，房屋出土遗物的共时性其次，灰坑又次之，地层出土遗物的共时性则较差。因为：灰坑内的堆积往往是经一定时期形成的多层废弃堆积；房屋尤其是半地穴式的房屋，也常常存在着使用时期和废弃时期堆积的区别。对这些遗存内存在的不同时期的堆积，发掘者或难以区别，或掉以轻心简单地处置为同一堆积。而地层经常是破坏原生堆积形成的，往往包含早期的遗物。至于将考古遗存单位进行层位分类或聚类时出现的差错，则屡见不鲜。可见，考古诸遗存单位或同一遗存单位的不同堆积的分类与聚类是否得当，既出于客观的因素，又更多地存在主观的原因。

其一，我们看到，雕龙碑遗址的发掘采用统一布方间隔式发掘的方法，发掘的探方实际上并不全都连接，却又统一编定层位，这对于像雕龙碑这样一处软遗址来说，实在相当困难。因为只有在同一环境下对相连探方的土质土色进行认真的比较观察所获得的认识，才能接近实际。

其二，在同一地层下开口的诸遗存单位是否共时的问题，也值得讨论。如果这一地层是在其下的诸遗存单位同时废弃而形成的地层，该地层下的诸遗存单位则是共时的；如果这一地层是因破坏原先堆积而形成的地层，该地层下的诸遗存单位，有的可能共时，有的则异时，情况相当复杂。发掘时所见共同打破或开口于同一层位的诸单位是否共时的问题，要看被打破或开口于同一层位的这一层位是什么样的层位。如果不是当时的地面或活动面，那么，这诸单位是否共时的问题，则不能由该层位确定。进而言之，层位学难以认定它们是否共时。如果这个层位是当时的地面或活动面，则可以确认这些打破或开口于该层位的诸单位基本共时。所以说基本共时，是因为这些单位（例如房屋）可能同时废弃，但它们不是同时建筑的，而仅有部分使用时期共时；或者是因为这些单位是同时建筑的，仅部分使用时期共时，而废弃时期相异，等等。然而，这复杂的情况，却非考古层位学可能确认，这就是考古层位学的局限性。从《报告》来看，无论是发掘，还是整理，对如此复杂的情况似乎均考虑不足，故其将同地层下开口或共同打破或开口于同一层位的诸单位归为共时的诸单位，就难以避免可能出现的失误。

其三，在雕龙碑遗址揭示出来的房屋建筑保存得较好，不仅保存着墙、门或门基、室内地面与室内设施，而且有的房屋保存下来的墙还高出地面达 80 厘米，具备根据墙角和门寻找出室外地面和道路，以观察不同房屋是否处于同一地面或由相同道路将它们相互沟通，从而确认这些房屋是否共时的条件。但《报告》显示，发掘时虽然对具体房屋的处置相当认真，但对屋外地面与道路的寻找却有所忽视，因而缺乏由共处同一地面或相同道路连通的条件所确认的房屋的共时认识，其失误自然是难免的。当然，这里所说的由同一地面或相同道路连通确认的共时房屋的共时含义，是指建筑时期及部分使用时期共时，或部分使用时期及废弃当时共时，或建筑时期、使用时期及废弃当时共时，而不应包括这些房屋废弃当时堆积之上所形成的堆积。

考古学遗存的分期与聚类，既可从层位学进行观察，又可据类型学进行研究。以类型学研究遗存时，既要从遗存的层位出发，又要受遗存层位所检验，除此之外，类型学具有独立性。以类型学将遗存分期与聚类时，关键在于确立典型单位和标准器物，和严格的掌握度，否则也将出现这样那样的问题。《报告》出现的上述我指出的那些问题的原因，归根结底，无非是层位学或类型学，在此我不想作更具体的讨论。谈了这些，是希望以后进一步研究时多一点视角。学术的进步正是在吸取经验，尤其是吸取教训的基础上前进的。只有正视问题，吸取教训，我们才能提高。

下面，我想就《报告》提出的三期遗存，谈点自己的认识。我觉得《报告》与《雕龙碑史前彩陶》所发表的资料还是比较全面的，它提供了今后研究以雕龙碑遗存为代表的文化的一个平台。《报告》整体上将其新石器时代遗存分为三期，基本正确。稍微精确地讲，第一期应以F11、H39、H59、H69、H72、T2307⑥、T2309⑥、T2116⑤、T2208⑤、T2306⑤、T2308⑤、T2806⑤及T2816⑤等单位为代表，第二期当以F1、F5~F7、F9、F12、W20、W43、W51、W57、W63、H24、H29、H52及H63等单位为代表，第三期以F13、F15、F17~F20、H5、W34~W36及T2810③等单位为代表。

《报告》第一期当属西阴文化时期。虽然看《报告》的线图时还有点怀疑，尤其从其口部形状看，似乎小口尖底瓶属于半坡文化时期，但观察实物后可以确认它们还是属于西阴文化时期，因为小口尖底瓶是线纹而非绳纹。从《报告》

线图看，宽带纹钵似乎应属半坡文化时期，但看实物知这里的钵为凹底，而非半坡文化同类器型的圜底，凹底者为西阴文化特色。和采：1 口部相类似的小口尖底瓶曾见于山西芮城东庄村 (H113：1、H113：17)。我曾经将后者定为半坡文化向西阴文化过渡的中间环节，从雕龙碑第一期的整体特点观察，无疑当已进入西阴文化时期了。

《报告》第一期与第二期的年代比较接近，第三期相对于第二期来说有一定的距离。如果将第一期定为西阴文化的话，它有自身的一些特点，具有代表性的一是鼎多，二是素面陶器多，三是盆类器较少。这几个特点并不是西阴文化的前身半坡文化的特点，而是后冈一期文化的特点。素面罐、灶和有些鼎是继承后冈一期文化的。总之，继承后冈一期文化的因素多。

西阴文化从半坡文化发展而来，但这里有后冈一期文化的因素，是怎么形成的？如果将这个地段放在一个大的空间来考察，文化发展的脉络应该是比较清晰的。我和乔梁写过一篇讨论后冈期文化的文章，指出后冈一期文化向北渗透到河套地区，从河套地区经太行山西侧汾河流域向南渗透到伏牛山以南的汉水流域。后来半坡文化发展到该区域，是在半坡文化晚期，或如有些地区那样，是在半坡文化过渡到西阴文化之间的时期，这一地带的遗存，往往既含半坡文化因素，又存在后冈一期文化因素。雕龙碑第一期文化是西阴文化的一种地域类型，在汉水流域具有代表性。它除具有西阴文化的一些因素外，还保留着一些半坡文化的迹象以及较多的后冈一期文化因素。这就是雕龙碑第一期遗存的特征。

雕龙碑第二期文化和第一期文化之间，年代上虽然存在一定的间距，但从它们的文化面貌、特征来看，可以认为第二期文化渊源于第一期文化，是第一期文化的继续发展。同时，由于与长江流域的大溪文化（或油子岭文化，下同）交流，第二期文化出现了大溪文化的部分因素。雕龙碑第三期文化很有特点，在年代上与第二期文化之间存在着较长的时间间距。第三期文化是第二期文化直接演变出来的一种文化，还是别的文化移民过来而出现于该地的一种文化？我们另外再说。总之，第三期文化的面貌与特征既显示出对第二期文化因素的某种沿袭，又出现了较多的明显的屈家岭文化早期因素。

上面简单地谈了雕龙碑第一、二、三期文化的性质与关系，下面对文化居民问题做一些讨论。

我们说后冈一期文化、半坡文化在这里“合流”，是两部分居民合并为同一文化共同体，还是后冈一期文化的居民吸收了半坡文化因素形成的“合流”文化？反之，是半坡文化的居民吸收后冈一期文化因素而产生的“合流”文化？雕龙碑第二期文化较之第一期文化，既扩展了西阴文化的内涵，又接纳了一些大溪文化的因素。如这一认识不误的话，就产生如下两个问题。一是第一期文化居民自然扩展了西阴文化的内涵；或是既以自己发展为主，又同时接受了临近地区西阴文化的影响；还是其他地区移民至此而出现的一种文化？二是这里出现的一些大溪文化因素的原因，是大溪文化移民接受了雕龙碑第二期文化，还是大溪文化移民和雕龙碑第一期文化居民或其后裔文化的碰撞，或是雕龙碑第一期文化居民实现文化演进过程中，抑或是雕龙碑第二期文化居民接受大溪文化的影响产生出来的现象？类似的问题，也存在于雕龙碑第三期文化。不过这里表现出来的是雕龙碑第二期演变过程中或雕龙碑第三期文化形成过程中，抑或是雕龙碑第三期文化本身的居民或文化与屈家岭文化的居民或其文化的关系。要探讨这类问题，需对居民人种做些分析。

《报告》收录的原刊于《考古》1998 年第二期的《湖北枣阳市雕龙碑新石器时代人骨分析报告》，虽然确定了 90 具人骨的性别、年龄，但没有依《报告》的分期进行测量与观察。同时，在探讨居民种族问题方面，仅测定了属于雕龙碑二期 M19（40 ~ 45 岁，女）和三期的 M13（18 ~ 20 岁，男）这两个头骨。且只依据 M13 这具头骨做出“在面部高度上与华北型接近”和“聚类分析结果反映了人骨体质类型更接近古代华北组（西夏侯、下王岗等），而与古代华南类型可能有着较疏远的关系”的结论。可见，雕龙碑人骨分析报告提出的这一认识，只能界定在第三期文化居民范围之内，且支撑这一认识的论据又显得相当薄弱。如果这一认识是可靠的话，同时考虑到西阴文化前身半坡文化居民种族类型区别于西夏侯组，以及将后冈一期文化归入北辛—大汶口—龙山这一文化谱系作为前提的话，似乎就可以提出这样的推测性认识：既然第三期文化显示出对第二期文化因素的某种沿袭和第二期渊源于第一期文化，那么，第二期和第一期文化居民的种族类型也当和第三期文化居民一样，同属于更接近西夏侯组。同时，既然分布于此地的后冈一期文化和半坡文化的“合流”文化是雕龙碑第一期文化的先祖，那么，前者居民的种族类型当与后者一样，也应属于更接近西夏侯组。如果这一推测性认识正确的话，那么，换句话说，属于北辛—大汶口—龙山文化谱系的居民自后冈一期文化时期移植至此地后，就在自己的努力下，先后同化于临近地区其他强势文化，将自己推进到新的发展阶段。同时，在同化于其他文化的过程中，保存了自身特色，例如曾分别成为半坡文化、西阴文化的一个地域类型，等等。这是考古学上见到的一文化居民自主同化于强势文化的一个例证。

通过前面的分析，我们发现文化的交流、碰撞、吸收、演变大约与文化的自主交流和文化的自主吸收有密切的关系。而要实现文化的自主交流，尤其是文化的自主吸收，就需要有一个开放的文化心态。从这里，我感觉到，任何文化要发展，一个重要动因就是要有一种开放的心态，要和别的文化进行交流，要主动吸收别的文化的优点，这样才能不断丰富和改造原来的传统，才能推进自身文化的发展。

我想，今天我们面临着中西文化的碰撞，而且学术界也在讨论国学（或中学）与西学的关系，我们将如何借鉴古人的文化或者中华民族的传统？中华民族不是一个故步自封的民族，开放是中华民族的主流，开放的传统可推至史前时期。首先是在内部不同文化之间彼此开放，夏朝以后经陆路向西开放，传来了马，传来了铁，后来传来了佛教。佛教经过碰撞以后，演变为禅宗，祖传的儒学变成了宋明理学。正是经过这样，我们才有高度发展的商周文明，才有高度发展的秦汉文明，才有高度发展的唐宋文明。所以，如何总结古人的实践经验，将我们的传统文化化为文化传统，我觉得十分重要。

那么，站在雕龙碑遗址的角度来看待这个问题，我们看到了黄河流城内部和黄河流域与长江流域史前文化相互开放、交流、碰撞、融合、同化的历程，这里是黄河流域通往长江流域的必经之道，亦是黄河流域内部以及长江流域和黄河流域古代文化相互握手之路。雕龙碑遗址的意义就在这里。它是一个重要的交通枢纽，是个驿站，在这个驿站的文化是以一元为主、多元谱系结构的一种文化。

最后，谈一下雕龙碑遗址的保护。

雕龙碑遗址历史、科学、艺术信息含量既广又多，具有重要的历史意义，保护好这处遗址就是我们义不容辞的责任。这次来，我看到遗址上除因保护房屋遗迹修建的陈列室外，基本上是耕地，保护得较好，有很多值得我们有关单位包括我个人学习的地方。

首先，雕龙碑遗址的保护受到各级政府的重视。1984 年襄樊市（今襄阳市）人民政府公布该遗址为市重点文物保护单位，在遗址西南角竖立起保护标志。1993 年湖北省人民政府公布该遗址为全省重点文物保护单位，枣阳市人民政府同时成立了“雕龙碑文物管理处”这一专门保护机构。1996 年国务院公布雕龙碑遗址为第四批全国重点文物保护单位。

其次，雕龙碑遗址的重要发现引起学术界和社会各界的广泛关注。发掘者具有较强的保护意识，保护措施跟上了发掘进度，重要遗迹都进行回填保护，需要现场展示的遗迹也实施了较好的保护措施。我是1994年受国家文物局委托从河南进入湖北检查考古工地时才头一次看到雕龙碑遗址的，看后深受震动，认为这是重要的考古发现，对此前雕龙碑未被评上“全国十大考古新发现”深觉遗憾，也认为报道和参评送报的材料学术含量与深广度不够，或存在不到位的情况，故建议加强整理研究，进一步提高保护意识。同时，媒体广泛且有一定深度的报道和海内外学者纷纷到访，也促进了遗址的保护。最后，也是很重要的，当地的村乡组织和人民为保护遗址做出的十分重要的贡献。

第三，正如我在会议开幕式上说的，到这里我认识了一个没有任何官架子的新朋友——胡久明主席，他那种保护文物的旺盛热情、执着的精神和顽强的将其付之于实践的不懈努力令我感动，令我敬佩，值得我们学习。我们国家如果能多有一些像胡主席这样的人，保护好文物就大有希望。

雕龙碑遗址的保护工作已取得很大的成绩，但文物保护是一个系统工程，还有很多事情要做。首先，我建议要做好雕龙碑遗址保护规划。现在国家有点钱了，每年有数亿元支持大遗址的保护工作。听说雕龙碑遗址已纳入国家大遗址前一百名了，那就要尽快抢先做好文物保护规划，只有列入了规划，才能列入财政预算，才能有经费支撑系统的文物保护工作。我觉得有关雕龙碑遗址的以往工作已为制订和实施遗址保护规划打下了坚实的基础。一方面，遗址的面积不大，约5万平方米，遗址及其周围都是耕地，没有什么现代工业设施，人口也少，规划起来简单方便，花费不大。另一方面，遗址经过多次调查发掘，遗存分布与文化内涵比较清楚，为规划准备了必要的考古资料。制订遗址保护规划前的主要工作是避免在遗址及周围的区域搞新的建筑，将现有风貌先保护好，以免规划的时候麻烦，增加不必要的开支。

其次，我建议将雕龙碑遗址调查、发掘、整理过程中的所有资料，包括照片、实物、图纸等，都作为档案集中保存，便于以后继续研究。整理后的实物，包括陶片也把它按单位永远地保存。我希望雕龙碑遗址能成为我国遗址保护的标兵，也能是保护好调查、发掘和整理过程中所积累的一切资料的模范，还能是进行展示、服务于公众和服务于学术研究的公开的优质场所。

我就谈这些。我想，今天的讨论会只算为研究雕龙碑搭建一个平台，只是讨论研究的开始，还不敢说是跨出了第一步。学术的讨论、学术真理的追求是永无止境的。

（原载于《中国·枣阳雕龙碑文化研讨会文集》，武汉出版社，2012年）

从过去走向未来

——在“纪念铜绿山古铜矿遗址发掘 40 周年学术讨论会”上的讲话

朋友们：

大家好！

听了各位同人和各位朋友的发言，现就这次会议谈谈我个人的几点体会与希望。

首先，我觉得这是一个内容充实的会议。

这次会议既对大冶铜绿山考古的相关问题进行了深入的学术讨论，又对如何推进大冶铜绿山的文物保护、如何谋求建设国家遗址公园继而申报世界文化遗产充分交流了意见。在学术讨论的层面，它不是仅仅限于大冶铜绿山遗址本身，而是涉及全国的冶金史或称冶金考古，既有广阔的空间研究，又有长段的历时性探讨，内容丰富，视角较多，视野开阔。同时，在大冶铜绿山发掘或者说发现 40 周年之际，来自国内各地的同人与朋友济济一堂，畅谈大冶铜绿山遗址文物保护、国家遗址公园建设及申报世界文化遗产等方面的问题，其思路、其谋划、其可行性、其操作性，汇同学术讨论所提出的对大冶铜绿山遗址价值的评估，对大冶市人民政府谋求大冶经济社会如何转型和如何建设大冶青铜矿冶文化之都具有重要的参考价值。可见，这是一次以考古学术研究为基础，科学评估大冶铜绿山遗址价值，追求搞好大冶文物保护与文化建设，为大冶实现经济转型出谋划策的内容充实的会议。我认为，这次会议至此闭幕之时，已实现会议主办方对这次会议所预设的追求。

其次，我认为这是一个成功的会议。为什么说成功？最主要的是上面讲的第一点。除此之外，我还想补充三点。这三点其实是之所以能达到第一点的条件，我之所以把这三点视为“成功”的内涵，是因为实现会议成功的这三点条件，也是本次会议的追求。这三点如下：

第一，这次会议的筹备工作，无论是设计会议的行政过程还是为会议准备的学术条件、出版的图书，都做得很成功。它把此次会议之前有关大冶铜绿山发现、发掘、保护及研究方面所有发表的文章都收集成册，为学术会议的讨论准备了翔实资料。这样的举措，是以往同类会议很少有的，如果就政府的文物保护、文化经济建设决策与考古学术研究的连接来说，可以说是开这类学术会议之先河。会议组织者之所以做到这样，我的理解是，会议组织者要求对以往工作做一个客观的评估，同时征求对今后学术研究、文物保护、文化建设与经济转型的实事求是的科学意见。

第二，这次会议有新的形式，杜绝了形形色色的形式主义，回归了学术本位、回归了会议本位，是一个很朴实的务实求真会议。

第三，无论从文物保护，还是从考古研究等方面来说，这次会议贯彻了言论自由，即发表与交换意见的自由，做到了畅所欲言。一方面，大家从不同的视角、不同的视点，以及个人的所想所思充分地表达了意见。只有这样，我们才能够实现学术自由，才能把好的学术传统继承下来。另一方面，充分自由地交流意见更有利于大冶市的党政领导进行科学决策。所以我觉得这次会议开得非常好！是成功的会议！

最后，我想说的是，这是一次走出过去、面向未来的会议。

走出过去，既有文物保护亦有考古及文物研究。1991年6月，国家计委会同国家文物局召开的大冶铜绿山遗址保护方案专家论证会，是很值得我们纪念的。我记得大冶铜绿山遗址保护方案专家论证会是这类会议中的第一次会议。通过那次论证会，国家文物局才有了一个开这类论证会的模式。有了那次会议，我们才可能产生出在文物保护方面取得预期效果的三峡文物保护论证会。那次会议也使我们把过去的一个观念改变了，正如我在《一次难忘的论证会》这篇文章中所指出的那样，这就是“成功地冲击了文物保护处于配合经济建设的位置，使文物、考古者开始勇敢地冲击‘既对经济建设有利，又对文物保护有利’这折中主义紧锁的大门”。

通过类似于铜绿山这类遗址的文物保护与经济建设的权衡，考古与文物工作者应理直气壮地发出经济建设应为文物保护腾出空间的呐喊！经过40年，我们回头来看，我觉得那次会议成功了，值得我们永远留念！在以往的几十年中，大冶市对于铜绿山遗址的保护确实付出了艰难的努力，但是也走过一些曲折的道路，例如遗址下部被掏空对遗址稳定性的影响等。诸如此类的事情不应该发生，到今天这些不利于文物保护的事情更不应该发生。今天的会议已经结束，我们要更加关注铜绿山古铜矿遗址的保护，要保护得更好，今后再也不能出现被破坏的事情了。

对于学术研究来说，过去我们做出了很多成绩，这次会议收集出版的两大册资料与论著，尤其是铜绿山古矿冶遗址考古发掘的相关报告(这已经是过去了)，应被视为已取得的辉煌成绩。这些年，像李延祥同志及其团队及这团队的前身，即自柯俊以至李延祥这几代学者，在冶金考古或冶金史的考古学观察与研究中所取得的成就，我认为具有系统性，在整个以自然科学和科技手段审视考古学遗存的学术研究中占据翘楚的地位。即使这样，也不能在此止步。我们还得面对未来，走向未来。我们如何面对未来呢？

面向未来，我提两点希望。

第一个希望就是我在《铜绿山古铜矿遗址考古发现与研究》一书中“序一”说的那样，即从现在铜器成分的测定、铸造技术及工艺、功能、分区、考古学文化分期，以及矿冶遗址、铸造遗址及其墓葬与墓地的调查、勘探与发掘的基础上，走向青铜产业的研究。青铜产业不仅存在于青铜时代，也存在于其后的铁器时代。这两个时代都存在青铜产业。在青铜时代之前，还有一个金石并用时代。在这一时代中，虽然不存在青铜时代那样的青铜产业，却存在制铜产业。青铜产业是从制铜产业中演进出来的。青铜产业如同一个链条，可称之为青铜产业链。

青铜产业链十分庞杂，不是几句话能讲明白的。简单说来，它基本上至少应包括采矿、冶炼、铸造和进入到使用时的社会配置这几个社会流程的环节，还有采矿、冶炼、铸造环节中的技术、技术流程与分工，以及由分工产生的组织、管理及其制度。同时，这流程的诸环节，也是分工。连接这流程中的诸环节所存在的社会协调，这社会协调中所存在的社会组织、分工、管理与制度，这青铜产业链诸环节及共同存在的行为规则与信仰，以及这产业链历时的演变及其在共时诸产业中的位置及与共时的诸产业的关系，当也是释读这青铜产业链的自在之义。当将我们的研究迈进青铜器使用的社会配置领域时，又碰到另一个广阔的时空领域。这时空领域之所以广阔，是因为它既包括生产领域，又包括社会中人的关系、社会组织与社会制度在内的社会领域和社会伦理、社会意识及社会信仰。探讨这一广阔的时空领域的基础之基础，则是青铜器的功能之研究。这就是我提出青铜产业链研究的内涵，其内涵涉及技术层面、生产、流通、使用及其所衍生出来的分工、管理、组织制度、意识与信仰等方面的内容。这当然是一个需要长期努力才能实现的目标。但我相信，通过一代又一代学者的既有理念追求又能脚踏实地的艰苦努力，我们的后代学者终能实现这一理想。现在，我希望湖北省的考古工作者能以铜绿山和随州几处墓地的田野考古与研究为契机和切入口，为我国考古学起个示范作用，怀抱这青铜产业链研究的理想，严谨认真、务实求真地开展铜绿山和随州几处墓地的系统研究，向青铜产业链研究迈出一大步。

第二个希望是将铜绿山古铜矿遗址申报为世界文化遗产。要达到这一目的，也要分几步走。一是要保护好它；二是要使其成为国家考古遗址公园。只有走好了这两步，才能进入申遗。但申遗既是我们的追求，又不是我们的目标。我们的目标应是文化建设。如何搞好文化建设，我在广州市政府主办的高峰论坛上讲过一些意见。这个讲话以《文化杂交：广州的过去与未来》之名发表在2012年第11期的《南风窗》等几个报刊上，或许可以做参考。我将其中的一点在这里说一下，这就是：“广州要建设世界文化名城，必须将文化建设视为一相对独立的门类，并需正确认识和处理好经济、政治、社会、文化和生态这五大建设的关系。这五大建设客观上处在相互独立、相互关联和相互制约之中。其中，相互独立是前提，没有相互独立，就谈不上相互关联和相互制约。”以科学发展观为指导，搞好经济、政治、社会、文化和生态这五大建设，实现和谐社会的追求，这便是我国应实现的一条政治路线。我在这个讲话中又说：不能将文化“搞成经济的附庸，去倡导既有损于经济，又有损于文化的‘文化搭台，经济唱戏’的庙会经济和媚态文化”。同时我指出：“必须正确地区分好文化事业和文化产业，以及正确地处理这两者的关系。不能将文化事业搞成文化产业，要坚决杜绝将文化事业划入文化产业，并实行文化产业化。同时，要认识到文化产业也存在着社会效益这个问题，因此，也不能将文化产业实行产业化，去单纯追求经济效益，要不断扩充和提升文化产业的文化内涵和文化品位，以高尚的文化感染人们的心灵，提升人们的文化品位。”铜绿山古铜矿遗址保护也好，将其建成国家考古遗址公园也好，还是以其申报成世界文化遗产也好，都是文物的文化建设，这是文物考古工作者，尤其是大冶市和湖北省文物考古工作者的光荣使命。我作为考古工作者，更希望湖北省的考古工作者多担当一些责任，多尽一些义务，以铜绿山古铜矿遗址保护为前提，并以其保护为归宿，认真科学地做好铜绿山古铜矿遗址的调查、勘探和研究工作，为把铜绿山古铜矿遗址建设成国家考古遗址公园和申报成世界文化遗产做出应有的贡献！我也希望大冶市人民政府在经济转型实现经济进一步发展的过程中，将文化视为相对独立于经济的另一个部门，搞好具有高尚品位和能感染人们心灵的文化建设。

祝铜绿山古铜矿遗址保护更上一层楼，祝纳入大冶市文化建设中的铜绿山古铜矿遗址建成国家考古遗址公园，将其申报为世界文化遗产早日成功！

谢谢！

（这篇讲话是于2014年2月16日晚据孟华平整理成的讲话录音稿修改而成，记于小石桥。载《江汉考古》2014年第1期；又刊《铜绿山古铜矿遗址考古发现与研究（二）》，科学出版社，2014年）

在《圆明园国家考古遗址公园规划》文本专家评审会上的发言

我们有没有从文献上了解圆明园这三大园子，每个园子有多少建筑、分布在什么地方？它的道路、山形水系，清楚不清楚？

假如从文献上不能了解，那么从考古学上能不能了解？勘探得明白不明白？如果说从考古学上，一个时期不能勘探明白，或者说，从文献上不完全了解，我们去做规划，我们这个道路的设计，哪个遗址在哪个地方，在一个遗址公园里面涉及哪些角色，这个基本东西明白不明白？

如果我们道路、山形水系都搞不清楚，我们来做遗址公园规划是不是早了？因为你要做的话，你要开辟一条路，恰恰古代不是这条路，是另外一条路，而这条路又有些景点，你不就破坏遗址了吗？

第一个想法，如何才能去做规划？

我认为要做遗址公园规划，就要了解这些遗址。而且，对于圆明园这样的遗址，不但要了解这些遗址，更重要的是要了解山形水系、给排水、道路系统。这一点，在大明宫规划的时候我也谈过。考古工作不能像过去那样，去抓某个基址，以发掘和展示基址为首要点，而首先要以山形水系、给排水、道路系统为纲，去摸清、逆推遗址位置和布局，这样才能去做规划。

第二个想法，遗址公园是干什么的？

这里有两层意思：一是遗址公园是保护遗址的一种形式，而不是为了做公园来做遗址公园。这一点要准确定位。我们做文物工作，核心就是保护，因为任何文物都不可能再生。如果不以保护为前提，你去搞，就搞砸了。二是遗址公园怎么建设。我说过三句话：①遗址定性公园。遗址公园不是一般的公园。它有个性质，圆明园这个遗址就定性了是圆明园国家考古遗址公园。这个要考虑到。②公园表现遗址。不是我要设计哪个景点如何如何，或者人为地构思出某个景点，只有围绕着如何表现遗址，才能实现公园的价值。③切忌“公园化”遗址。不然搞得遗址公园和公园都一样，那我们还搞什么考古遗址公园？这是国家考古遗址公园的前提。

第三个想法，怎么建设考古遗址公园？

我们回过头来，怎么看圆明园这个遗址？

第一，圆明园的建筑太值得研究了。圆明园这三个大园子，在目前的情况下，要实施整体保护。任何一处原来属于圆明园的土地，假如没有列入保护范围，都是错误的、不当的。不管你有多大困难，要做到。第二，这个建筑群是康熙时候始建的，存在了150多年，后来被火烧了。在此期间，其增减、修补、翻新的情况，我们清楚不清楚？我们首先要以文献为出发点，要按照 1860 年英法联军火烧圆明园时的建筑来定位，制定遗址公园的保护范围和工作范围。如果再增加与那个时代无关的建筑，那就什么意思都没有了。圆明园的建筑遗址，我觉得它的意义和价值，就在于它是全国重点文物保护单位。之所以定为全国重点文物保护单位，就在于它是集合中西建筑的清代皇家建筑遗址。这是它本身的价值，按照现在的说法，即核心价值。它体现的意义有两条：其一，中西建筑文化的汇聚地。前前后后，都没有像圆明园这样的，既有中式建筑，又有西洋建筑，而且相当一部分西式建筑是外国人来设计、施工的。包括一些建筑的材料和装饰，例如十二生肖，都是外国制造、从外国搬来的。就这个园子，这是一个特殊的历史时代。什么历史时代？明末清初那个时代，西方的传教士过来了，就开始了中西文化的碰撞。这样，在明末就产生了两个伟大的人物，一个是思想家李贽，那个时候就提出要男女平等啊！他和利玛窦有过交往。另一个，就是徐光启。他写过《农政全书》，而很重要的，就是翻译了《几何原理》这本书。后来，满族人入关建立清朝以后，继承了明代以来已经定位的中西文化的交流。所以，才出现了圆明园。这一点，在中国历史上很重要。

中国历史上我们传统思想的轴心时代，就是战国。实际上，就是百家争鸣，不同文化的碰撞。这种碰撞，推进了中国文化的发展。第二次碰撞，就是西汉晚期，传进了佛教。

这次碰撞第一次产生的结果，就是佛教在唐代产生了禅宗。到了宋代，产生了第二次文化碰撞的结果，汉儒演变为理学。文化就是要这样，就是要融合、传承、吸收、创新。任何文化都是杂种，杂种文化就是要杂交，这是规律。文化如果丢掉了这个规律，就要完蛋，就缺乏活力和生命力。

第三次大碰撞，就是我们中国文化与现代意义上的西方文化的碰撞。过去历史上有过碰撞，但其核心不是在欧洲，而是在西亚。西亚的以色列，欧洲人认为那是他们文明的起源地。一直到汉代之前，我们都没有实现和西亚的交通。只有到了汉代，我们才进入，才知道有个中亚。到了唐代，在怛罗斯这个地方和阿拉伯帝国发生了战争，唐朝政府失败了，就定在了这个位置。第三次碰撞，就在明末清初，体现在建筑文化上就是圆明园的建设和被毁。这个时候，西方发生了工业革命，以及地理大发现、13 世纪的启蒙运动，这些就不必细讲了。这次碰撞，就是我们向利玛窦学习，学习几何，学习数学。到了乾隆，出了一桩事情。一个英国公使，马戛尔尼，到了离宫，为了磕头不磕头，发生了争执。他送来了不少东西给乾隆皇帝，把乾隆皇帝吓倒了。从此，乾隆皇帝就不让传教士进北京。于是，传教士就以澳门为根据地，向内地传教，在北京以外发展天主教。澳门是我们在乾隆以后中西文化交流、碰撞的集结地。我们经过这个碰撞，貌似很强大，这才有了 1840 年鸦片战争。接下来，洋务运动，西方的技术传来了。接着，甲午战争失败了。朝鲜不再是藩属，台湾被割让过去了，还赔了多少万两银子。士大夫们为了救国，康有为等搞“百日维新”。维新运动失败了，这才有了辛亥革命。辛亥革命是民主共和。这个思想,不是我们本土的，是外来的。本来要建立“中华民国”，要搞共和，结果搞了个党国。圆明园这个地方很重要，所以我说，圆明园是中西建筑的汇聚地。那既然汇聚，其背后就有一系列的文化。

第二，它是国耻纪念馆、国家纪念地。

国家纪念，纪念什么？纪念一个“耻”字。被人家打了啊！为什么挨打？你可以骂，你这个家伙，欺负我！为什么欺负你？你还是落后啊！闭关锁国，不开放、不改革！我觉得这个地方，它的意义在这里。这是建筑上直接看到的，背后所揭示的，是一个中西文化在这个时期的碰撞。

第三，我们该怎么搞这个遗址公园？

我认为不要搞那么多复建。譬如说，国家文物局批准了一个方案,复建百分之十。我觉得,那个百分之十就不要提了。我不同意圆明园搞复建。遗址上搞复建，就破坏了它的原真性和真实性，就损害了它的价值。要搞为观众服务的场所，就向故宫学习。在现有的保护的前提下，你在那个地方搞一些公共服务设施。所以，考古工作，不是要你去发掘，不是要你去展示,你就是把山形水系、道路、遗址分布在哪个地方，它的格局搞清楚。办法就是钻探,钻探不行,打条探沟和卡边，确定范围。搞考古的人，切忌搞轰动效应，切忌要搞一个“十大”发现。就是要老老实实，把遗址摸清楚，这就是科学研究。你要服务于这个东西，文献研究也要服务于这个东西，有了这个东西，才能做出国家遗址公园规划来。你前边不做，怎么能做出来？所以要考古先行。怎么先行？现在这里已经是遗址，已经是公园，那怎么办？你就要研究它。要做规划，先做哪一部分？现在搞不清楚。准确来说，现在的遗址公园，就是当时的山形、地貌，再加上原来的遗址。那可能有人说了，遗址没什么看的，老百姓又不怎么看。看不懂，没有那个文化素养。那怎么办？那就在遗址旁边，有复原的标志，有破坏后的标志，有说明。如果那个遗址通过考古，如果能够在保护的前提下，有展示必要，那就要给人家看看。展示遗址尤其要展示那种被烧毁的遗址，国耻纪念馆嘛，要展示那种惨，那种血淋淋的惨状。展示辉煌，那就是复原设计的复原图。办公设施不能在遗址里，不能影响遗址的整体景观。

建设国家考古遗址公园是政府行为。国家从 2008 年就开始这个工作。但怎么个搞法？有一些规定，但没有个样板。现在看，大明宫的模式失败了。我希望圆明园能搞出一个样板。国家文物局、北京市文物局和海淀区，要当回事儿来干。要在财力、人员等方面予以支持。圆明园国家考古遗址公园涉及的三家合作单位：北京清华同衡规划设计研究院、北京市文物研究所以及圆明园管理处，三家要搞到一块儿。

圆明园应该搞一个考古工作站。库房、整理室、照相室、宿舍等，都需要不小的规模。北京市文物经费充裕，正好可以用来干这个。不要搞那么多维修，反而修坏了。圆明园考古搞招标不行，还是应该由北京市文物研究所牵头来搞。人手不够，可以委托其他单位一起来干。我们有三峡和南水北调抢救文物的经验，完全可以应对。另外，圆明园的考古工作，又不存在工期的限制问题。

圆明园这块地方，我告诉你，即使没什么经济效益，北京市一千几百万人也需要这块绿地。现在国家提倡环保嘛！我觉得要以科学发展观为指导思想，着力建设好政治、经济、社会、文化、生态，实现以人为本、和谐社会的追求。我们不能搞以阶级斗争为纲啊，要搞科学发展观，要搞以人为本、五位一体。我想，这就是我们的遗址保护的政治路线，也就是我们的中国梦。

要做这个梦，那你北京市要不要这个地方？你看看现在雾霾那么厉害！以前我们是靠了破坏环境、掠夺资源、压榨劳动力，经济有所发展。我看，不要在这里去追求什么经济效益、圆明园的门票高或低、入园人数等。要把遗址公园搞好，其前提就是要对遗址有深刻的研究，要做好考古工作。

整理者按：

2014年5月10日，中国文物信息咨询中心受托组织举办《圆明园国家考古遗址公园规划》文本专家评审会。张忠培先生应邀出席了这次会议，并就圆明园考古遗址公园的建设与规划做了长篇发言。与会专家还有国家文物局顾问谢辰生先生、清华大学郭黛姮教授、北京市海淀区圆明园管理处曹宇明主任、北京清华同衡规划设计研究院高级工程师贺艳、北京市文物研究所圆明园课题组负责人张中华等。

本文即根据张忠培先生在会议上的发言稿改编，并依据张先生生前过目后的意见予以修订。事实上，关于考古遗址公园的建设与规划问题，张忠培先生此前就发表过诸多真知灼见。整理并刊发本文，以推进张先生奋斗毕生的文物保护与利用的事业，也能使大家对于这位考古巨擘在文物保护与利用方面的事功有进一步的了解。

本文在成稿过程中得到有关领导、师友、同人的大力支持。谨表谢意！

现场记录及初步整理者袁永明（中国文物信息咨询中心研究馆员），整理定稿者张晓悟（文物出版社副编审）。

（2019年9月9日修订）

在“纪念宝鸡斗鸡台考古80周年座谈会”上的发言

1934年宝鸡斗鸡台动了第一铲，苏秉琦先生到了斗鸡台。我面前有两位巨人，一位是徐炳昶先生，一位是苏秉琦先生。在巨人面前，我感到自己非常渺小。

在我的记忆里，徐炳昶先生在西北考察团是中方团长，筹划、规划了向周秦汉唐考古进军的号角，斗鸡台就是在他的规划之下的一个产物，这是继殷墟之后第二或第三个坐标点。这个规划很有学术眼光，很有见识，是学术方面的战略家才能做出来的，他开展了中国传说时代的研究。苏秉琦先生是我国考古学教育的开创者，关于苏秉琦先生，我完全同意刚才说的那三点：好的课题规划、好的导师和好的切入点。因为这样，他才能开始他的考古实践，才有以后的成绩，如果没有一个战略的重心——斗鸡台，就不可能有他的成就。但是苏秉琦先生有他的优点，他执着、靠悟，觉悟的悟，是一个消化、自学的悟，他靠的是坚韧不拔的治学态度和不断的悟。苏秉琦先生在徐炳昶先生的指导和锻炼之下，作为向周秦汉唐进军的一枚棋子，在斗鸡台做了很多工作。我觉得，斗鸡台是一个开创性的，对周秦汉唐研究的一个开始、一个宣言。《中国大百科全书·考古学》没有徐炳昶先生不应该。

这次会议，回顾过去是为了面对以后，回顾历史、审视现在、展望未来，我们要用前辈的治学精神、治学态度、治学成果去推动考古学的发展。要和我们自己进行比较，看看我们有没有差距，差距在哪里！

陕西省考古学会、陕西省考古研究院是有眼光的，能够开这么一个会，对我们当前宝鸡乃至全国的文化建设是一件大事。我们可以说，对历史的认识就是文化。在斗鸡台的考古前辈之后的这么多年，我们再一次来到这里，把它当成文化建设的一件大事，在这里纪念他。

苏秉琦先生的起步就是斗鸡台。《斗鸡台沟东区墓葬》从结构上来分析墓葬形制、器物的类型，最后到分期以及每个墓葬的披露，这个报告全面地报道了材料。每一件器物都能找到它是哪个墓葬、哪个单位出土的，具体在哪个位置。每一个墓葬，都在斗鸡台发掘的一千多平方米的墓地中有一个具体位置，这是全面的报道材料，清清楚楚，是用单位来研究的。

《斗鸡台沟东区墓葬》开创了先周到周文化的分期。当时条件下的分期是正确的，目前来看，还是基本正确的。他开辟了先周和周的界限，奠定了格局；研究了屈肢葬与秦的问题，以及屈肢葬墓的分期；研究了西汉到两汉之际的分期。在当年这是破天荒的，在今天看来它依然是我们搞序列、谱系研究的一块坚定的基石。

一个考古学者要成为一个像样的考古学家，第一，要发掘好一个遗址、墓地；第二，要整理好一批材料；第三，要写出一个好的报告，苏秉琦先生就是我们的榜样。

苏秉琦先生有一些标志性的实践，一是《西安附近古文化遗存的类型和分布》，二是《洛阳中州路（西工段）》，三是《关于仰韶文化的若干问题》，四是《关于考古学文化的区系类型问题》，五是《辽西古文化古城古国——试论当前考古工作重点和大课题》，六是《关于"几何形印纹陶"——"江南地区印纹陶问题学术讨论会"论文学习笔记》，七是《谈"晋文化"考古》，八是《关于吴城遗址致饶惠元的信》，九是《中国文明起源新探》。

继西周之后，他研究了春秋战国，并对此进行了仔细的观察，比如说屈肢葬墓、瓦鬲墓、洞室墓，这就是人群、族群的分类。在《洛阳中州路（西工段）》中把东周分为六期，这个成果现在还没人能动得了。如果说到区系类型，可以追溯得更早，在《关于仰韶文化的若干问题》中已经有端倪了，1964 年我陪他去内蒙古，他就讲东三区和西三区。在区系类型之后，他又谈文明起源的问题。

我去年发表在《文物》第七期上的《再谈梁思永先生与中国考古学——"纪念梁思永先生发掘昂昂溪遗址 80 周年暨昂昂溪考古学术研讨会"上的发言》一文中说，中国考古学的道路上有三块丰碑，第一块丰碑是安特生，第二块丰碑是梁思永，第三块丰碑是苏秉琦。为什么说苏秉琦先生是第三块丰碑？我认为是苏先生有一个方法论，两个论述。一个方法论就是中国考古学的基本方法论——区系类型学，考古学文化要按照区、类型来区分。一个论述是开创了中国考古学文化的多元一体论，中国考古学文化是世界考古学文化的一个方块，中国考古学文化是“我中有你”“你中有我”，这是考古学文化的谱系观点，文化因素的分析其实还是谱系的问题。另一个论述是中国文明起源的多源或者多中心说，即多元一体、满天星斗的学说和古国、方国、帝国的三阶段说。他用区系类型的理论，做了两个研究，一个是文化的研究，一个是国家的形成。他勤于思考，善于思考，从这里出发对中国的古代文化开创了一系列的研究。由此，他开创了新时势，开创了新时代。

（原载于《中国文物报》2014年5月23日，报道题为《追寻八十年前巨人的足迹》，本文为其中一部分）

在唐崖土司文化学术研讨会上的讲话

对土司遗址联合申报世界文化遗产，我不是先知先觉，有一个认识过程，主要讲三点。

一、我历来重视土司遗址的保护，支持土司遗址申遗

我对土司遗址接触得比较早，早在20世纪80年代末或90年代初，就现场考察过湖南永顺老司城遗址发掘现场。当时，国内尚缺乏对土司文化遗产的研究，去永顺老司城遗址后，我觉得这处遗址类型独特，保存较好，具有很高的历史价值，值得研究和保护，全国重点文物保护单位中应该增加土司遗产这种类型。当时，便对同我去考察的王军同志说过这一想法。2001年，在第五批全国重点文物保护单位审核工作中，我积极赞成永顺老司城遗址列入国保。

约在永顺老司城成为国保单位前后，有同志告诉我，湖北咸丰还有一处土司遗址——唐崖土司城址，不仅保存得很好，且还有地面构筑物和完整的城市道路遗存。我当时很惊

讶，如果湖北咸丰唐崖土司遗址真有他们说的那么好，那么在土司遗产知识方面我就真是孤陋寡闻了。就我的专业来说，对土司遗存所表现的孤陋寡闻，本来就是明面上的事，但作为一个专业工作者，为什么不经深入调查，就轻易表态？！我对此甚感羞耻。国保单位中应增加土司遗址这类遗存的认识自然没有错，问题是，不能把土司遗址全定为国保，哪一个上国保呢？按首次被确认来说，当然应上永顺老司城，如果依保存情况来判断，假如咸丰唐崖土司城确实较永顺老司城保存得更好的话，就得上唐崖土司城了。因此，这个时候一听说湖北邀我到咸丰考察，我就有些犹豫，乃至犯怵，便推托了事。

记不清楚是哪一年，为三峡事从湖南进入恩施，心觉这事躲不了了。进入恩施之后，我便对接待的湖北的同志说，可否去一下唐崖土司城呢？不料湖北的同志却回答我：去那里交通很不方便，这次还是不去吧！我自然就接受了他的意见。

后来，湖南启动土司遗址申遗，稍后湖北方面要求联合启动，此时，湖南的考古工作已做得相当成熟了，湖北的考古工作却刚刚开始，湖南方面怕联合申遗拖了腿，所以不太愿意联合申遗。这两省的意见都向我陈述了，听了后，我感到难办。2012年3月，我因申遗之事，再次去永顺进行了考察，这次考察对湖南为了申遗进行的考古发掘提了一些意见。这时湖北方面由孟华平出面邀我去考察唐崖土司城，在湖北省文物局和有关科研单位的邀请下，我只得硬着头皮来咸丰了。现场考察后，我觉得从唐崖土司城遗址整体状况来看，它的保存状况确实很好，且遗址格局完整清晰，但保护工作刚开始，相对有点滞后，同时，考古发掘也有些不到位的地方，我对这些方面均发表了自己的意见，事后得知，我对湖南、湖北提出的意见，均得到他们的采纳。

回到北京后，便向国家文物局如实地讲了我的意见，并说，是否两省联合申遗，视是否拖湖南的腿而定。国家文物局经认真研究后，决定湖南、湖北联合申遗的方案，我自然同意，因为这个方案充分考虑了我提出的“不拖腿”的这一意见。以后，听说贵州的海龙囤遗址也加入进来，一起联合申遗，我觉得是件好事，很赞同。只要能搞成，多一个不是更好啊！

二、土司遗址价值突出，是中华民族“齐政修教，因俗而治”管理理念付之于实践而保存下来的物质遗存

土司制度形成于元代，鼎盛时期在明代，清代以后逐渐“改土归流”，但“改土归流”并不代表民族问题就解决了。我们中华民族包含 56 个民族，民族问题在历史上如何解决？我觉得这个问题可以以土司遗址申遗为切入点，进行深入研究。

自西周以来，尤其是秦汉以后，我国的历史，就是多元的族群与文化一统于国家政权，即多民族的统一的国家发展的历史。不是单一民族国家，而是多民族国家的发展历史。这样的统一的多民族国家的发展历史，就派生出汉族为主体的中华民族和汉文化为主体的中华文化形成和发展的历史。统一的多民族国家、汉族为主体的中华民族和汉文化为主体的中华文化沉淀到今天，并没有终止，还要继续发展。因此，对这三个历史进行客观深入的研究，不仅是历史研究本身的需要，也是如何借鉴历史以推动这三个历史继续发展的需要。

西周王国为实行包容多类考古学文化族群于一国内进行治理的政治体制，就已据封国内主体族群的区别，采行“因其俗，简其礼”的政策。发展到西汉武帝之时，便在少数民族地区设置属国都尉和持节领护，至此，这一实质上的“一国多制”便成了我国历史上国家解决民族问题的一种定制。唐代的羁縻州制和元、明两朝推行的土司制度，便是这“一国多制”的进一步发展。因此，中华人民共和国实行的少数民族聚居区的自治制度，以及邓小平为解决港澳问题提出的“一国两制”，不仅基于现实，也具有深厚的历史基因。

正是自西周以来为解决统一国家内的多民族治理问题而推行的“一国多制”制度，才发展出汉族为主体的中华民族和汉文化为主体的中华文化。这一和欧洲走过的不同的历史道路，便形成了我国的基本国情。

民族与文化是动态的，是变化发展的。现在我们一问到某些土家族的人：“你们有没有自己的语言？”得到的回答是：“我们已经被汉化了。”从一个方面说，是这样；从另一方面说，即从汉族来说，又不是这样。因为汉族是个杂种，而且汉文化本身也是一种庞杂的多元文化，随着和土家族及其他民族的碰撞与交流，汉族在发展过程中也吸收了土家族的文化和其他民族的文化，变成了杂种，其文化便成了一元为主的多元谱系结构的文化，即杂种文化。从这个意义上看，也可以说汉族已被土家族化了，也被其他民族化了。因此，不存在“谁化谁”的问题。

到今天，汉族还是汉族，土家族还是土家族，其他 54 个民族还是 54 个民族，各个民族都保持着民族自觉，即民族的自我认定，而且，诸民族之间彼此都尊重各自的民族认定，即各自的民族的区分。但是，在此之上，我们这 56 个民族又已形成共同的中华民族的认识的自觉了，即汉族和其他 55 个少数民族已共同形成了以汉族为主体的中华民族和汉文化为主体的中华文化了。不过，现今的汉族与汉文化、土家族与土家族文化、汉族为主体的中华民族和汉文化为主体的中华文化，与历史上的汉族与汉文化、土家族与土家族文化和中华民族与中华文化都不一样了，是现今的汉族与汉文化、土家族与土家族文化和中华民族与中华文化了。这个动态的演变与发展过程至今仍没有停止，以后还得变化，还得发展。

土司遗址从价值层面来讲，现在老司城遗址、唐崖土司城址、海龙囤遗址联合申遗的意义，就是给我们国家实行“一国多制”提供了一个历史的见证，是必要的实证。刚才引用文献上所说的“齐政修教，因俗而治”八个字，其意义实质上就是体现了“一国多制”。土司制度是历史上的“一国多制”制度，我不是今天才这样说的，是在头一次考察永顺老司城的时候，就是这样说的。当然，这“一国多制”，不是我们国家与生俱来的，夏、商两代都是单一考古学文化族群的国家，故无“一国多制”制度。经过西周的封建，至秦汉帝国实现了“一统多元”。这里说的“一统”，是指政权一统；这里说的“多元”，指的是族群与文化多元。“一国多制”有一个从无到有、从产生到发展的过程。“一国多制”也就是体现一个国家多种管理制度，体现了中国延续两千余年的“齐政修教，因俗而治”的管理理念。

三、土司遗址必须坚持以保护为本

讲到文物的保护与利用，就是八个字“有效保护，合理利用”。什么叫“有效保护”？简单一句话就是可靠的保护，让其延年益寿，永久存在。“合理利用”要符合被利用遗存本身的历史定位，本身所存在的历史、文化、科学的价值，是保护制约下的利用。换句话说，“合理利用”中的“合理”，是符合科学之理和符合保护之理。“合理利用”中的“利用”有层次之分，基础的或最深层层次的利用，是学术研究的利用，因为只有学术研究才能显示和说明文物的价值。凡考古遗存这类文物的基础的或最深层层次的利用，就是考古学的研究。现在有些人片面呼唤考古学者走出象牙塔，考古学者都走出了象牙塔，那还有考古学吗？没有了考古学，还有考古学的普及吗？考古学的象牙塔应永远存在，考古学的普及亦当永远存在，我们应实行提高前提下的普及，“提高”与“普及”的关系当是：“提高”是源，“普及”是流，“源”不竭，“流”才能长流。故“普及”的利用应奠定在“提高”的研究基础之上，当然，反馈“普及”中产生或被提出的问题于“提高”中进行的研究，又将升华“提高”，这就是基于“源”不竭，“流”才能长流基础上的“提高”与“普及”之间的辩证关系。“合理利用”中的“合理”也有层次之分，基础的或最深层层次之“合理”，则是保护，凡是保护跟不上利用或利用导致破坏的事就不能干，这好比一个完好的鸡蛋摔在地上碎了，那就为时晚矣。所以要在保护的基础上来谈利用。归根结底，“利用”要以保护为前提，要受保护的制约、检验，还要落实于保护之上。

文物之旅游，是旅游对文物的利用，也是一种普及的利用。这类“利用”也必须遵循“合理”的原则。一是真正从遗产本身的历史价值、文化价值和科学价值进行考量，各项旅游活动要符合文物本身的历史定位。二是旅游要以保护为基础，要受保护的制约、检验，还得落实在保护之上，总之只能在保护的基础上进行旅游开发。只有这样，才能于旅游中发挥文物的正能量，即增进中华民族的凝聚力和提升人民的文化品位与素质；只有这样，才能实现文物与旅游的良性循环，才能实现旅游的持续发展。如今，文物正在发挥它的价值作用，文物已经成为旅游的载体，故宫、长城及秦始皇陵等重要文物点一年的游客量相当于其他很多国家的人口总数。这正是发挥了文物价值的表现。我希望，在今后开展的土司遗址旅游，应以学术研究为先导和以保护为基础。同时，也要使当地的群众受益，惠及民生，让文化遗产保护成为一项一举多得的公益事业。

总之，听了与会者的发言，实地考察了唐崖土司城址，了解了土司遗址申遗工作动态，我觉得唐崖土司学术研讨会开得正是时候，是成功的，也是多视角的，至少开阔了我们对土司文化认识的眼界，学到了新的知识，提高了认识。此次会议，不仅解决了土司文化和唐崖土司研究的一些学术课题，也提出了新的课题，同时，大家在讨论的过程中，各抒己见，不追求整合，更不谋求一统。会议主办方充分尊重了参与会议人员自主、自由的思考、发言与讨论，做到了服务周到。

最后，我要说的是，本次唐崖土司学术研讨会不仅仅是为了申遗而召开的，大家千万不要认为拿到世界文化遗产的金字招牌就可以停止基础研究工作了，今后对土司遗产一定还要多做深入的研究，站在“一国多制”的概念下继续研究中华民族、中华文化的形成与发展过程，做出新的贡献。

谢谢大家！再见，祝大家返程旅途一路平安！

（2014年6月1日于湖北咸丰参加会议并发言，2014年8月5日上午据孟华平整理讲话录音稿，改成此文。小石桥）

崧泽文化会议与崧泽文化的认识

朋友们，下午好。我参加这次会议，头天晚上就没睡好觉，第二天开幕式，觉得要补觉，但睡不着，就看了一些材料，今天上午和下午听了一些朋友们的发言，再加上头一天比较认真、仔细地看了浙江省文物考古研究所为这次会议专门准备的展览。在这里吃了饭，又住了这么好的地方，不发个言也不好意思，就只有献丑了，我今天讲两点：

一、我对这次会议的认识

在我的记忆中，自从有了“崧泽文化”这个考古学文化名称之后，虽开过一些专题的或某项崧泽文化重要发现与研究成果的学术研讨会，但以崧泽文化为主题对崧泽文化进行全面研讨的学术会议，这很可能还是第一次。我认为这次会议与我预想的大不一样，是一个成功的会，是一个崧泽文化研究的大总结的会议，一句话，是一个学术水平高的会议。这次会议上的大多数发言和文章都为推进崧泽文化的研究做出了贡献。可以说，这次会议为以往的崧泽文化的研究划了个句号，又构建了一个新的平台，为今后崧泽文化的进一步研究提供了一个坚实的出发点。

这次会议为什么这么成功？这原因主要在以下三个方面。

第一，是展览和学术内涵，这个展览是很不错的。展览展出了这么多资料，水平这么高，也让我意外。现在学术会议不少，但很多没有什么实际内容，开得松松垮垮，我们这次学术会议内涵丰富，开得也规规矩矩，参加这次会议的朋友都做出了贡献，但浙江省文物考古研究所的同人贡献最多，这是事实。他们在这个自己搭建的舞台上唱了主角，这也是作为主办方应该做出的贡献。

第二，是会风很好，学风很好。学术会议的学风，亦即是会风。绝大多数发言既有好的论点，又有支撑其论点的好的论证，实现了务实求真。还有一部分是从材料的研究里边提出的问题。学术研究的生命是什么？是创新。创新有不同层次，原创性的创新，是创新的最高层位。只有从材料中能发现问题，才有可能有原创性的创新。这次会议上有很多原创性的创新。同时，参加会议的朋友，都全心全意认真地投入了这次会议，会上积极发言，参加讨论，会下的讨论也很热烈，交流的学术内容既广泛又深入。可见，这是一次学风上显示务实求真，会风上热烈、开怀、认真并有相当深度的学术研讨会。

第三，就是这次学术会议贯彻了自由讨论。学术的发展只能搞百家争鸣的自由讨论，不能搞民主，更不能搞专制，就是我的一贯主张。因为这个主张，所以任何会议要我做总结，我都拒绝做什么总结。参加这次会议，我没准备发言。老实说，原来也没有准备参加这个会议。是方向明，因为他的方向特别明白，在上海开会的期间，一次我上厕所时候，是已知道我决定不参加这次会议的方向明，追了上来，说这次的会议做了很充分的准备，如何如何，无论怎样也得请我出席一下。我也很相信他，因为他是方向明嘛，我跟着他走，方向就“明”啊，所以就来到了这场会议，并没有想，也没有准备发什么言。现在被逼了上来，发这个言，除了上面讲的外，还得讲讲我对崧泽文化的认识，这也不是总结，仅是参加讨论。

二、我对崧泽文化的认识

1. 崧泽文化到底处在什么年代，以及它在与其共时的诸文化中，处于什么样的地位?

崧泽文化是由马家浜文化发展而来的，它的继承者是良渚文化。从目前考古发现与研究来看，长江下游有一些不同的谱系文化，崧泽文化这支谱系文化最牛，是在长江下游的历史与文化中做出了最重要贡献的一支谱系文化。这是它在长江下游的地位。和崧泽文化共时的是长江中游的大溪文化、黄河中上游的西阴文化，黄河下游的不能笼统地说是大汶口文化。大汶口文化又分为这么几个概念：即刘林期大汶口文化、花厅期大汶口文化、西夏侯期大汶口文化。崧泽文化仅和刘林期大汶口文化共时。我大约在20世纪70年代后期或80年代初期，发表的关于刘林期大汶口文化的文章，说的就是这个意见，现在还是这个意见。最后一个和它共时的是中期的红山文化。红山文化分属三个时期，现在都叫红山文化，以后或需具体分析，是不是可以叫不同的文化？如是说来，大汶口文化可否根据如上所说的期别，也将它们分别称之为不同的考古学文化？这两个问题，请考古界同人关注研究。红山文化的早期相当于后冈一期文化或者半坡文化这个时期，中期相当于西阴文化时期，晚期则相当于半坡四期文化时期。我将它们分别称之为后冈一期红山文化、西阴期红山文化和半坡四期红山文化。现在这笼统的红山文化内涵，实难以对其作具体的研究。红山文化玉器，不见于后冈一期文化时期，也不能确定西阴期红山文化已使用玉器，至今只能确定至半坡四期红山文化，才有了玉器。西阴文化、崧泽文化、刘林期大汶口文化、西阴期红山文化和大溪文化，位于中国的腹心地区，是当时中国先进的考古学文化。在这几个共时的考古学文化中，崧泽文化有着自己的优势。这优势表现在如下几个方面：

一是崧泽文化的陶器，基本上是轮制陶器。在与其共时的诸考古学文化中，它的轮制陶器的比例，高于其他与其共时的诸考古学文化。

二是崧泽文化的玉作水平，逊于与其共时的凌家滩文化。在和崧泽文化共时的西阴期红山文化、刘林期大汶口文化、西阴文化和大溪文化中，只有大溪文化才有比较发达的玉作。以崧泽文化和大溪文化玉器的种类和数量两相比较，当认为崧泽文化的玉作高于大溪文化水平。从至今的考古发现与研究来看，崧泽文化时期的中国，崧泽文化的玉作虽不能居于第一，也当居第二。

三是崧泽文化的农业相当发达，已处于先进水平。崧泽文化时期的中国，既有稻作农业，又存在着旱作农业。如何评估这两种农业的发展，至今仍缺乏标准，乃至参照系数。衡量崧泽文化稻作农业水平，两件事物是值得注意的，即崧泽文化居民已使用了石犁和耘田器。在同样是稻作农业的大溪文化中，至今仍未见到这两件器物。以此为视角来看，崧泽文化的稻作农业水平，高于大溪文化。至于崧泽文化同旱作农业的西阴文化、刘林期大汶口文化及西阴期红山文化，基于上述，还难以作出比较。

从崧泽文化时期中国的文化竞争势态与格局来看，当认为西阴文化势力最大，其文化影响深远，可以说是西阴文化时期，即使是崧泽文化，也受到了西阴文化的影响。在这个时期，西阴期红山文化、刘林期大汶口文化和大溪文化广泛地吸纳西阴文化的文化因素，以壮大自己，处在待势而发的阶段，崧泽文化则一方面吸纳西阴文化因素，又同时处于发展自己的势力阶段。可以说，崧泽文化在其时的中国，其强势实位于第二。

2. 崧泽文化处在什么社会阶段?

我在 20 世纪 80 年代写的文章里就已指出它已进入父系氏族社会阶段，后来又说它发展到了父权制的初期阶段。前些年，在江苏张家港东山村发现了崧泽文化墓地。我看了这一新发现后，便认为崧泽文化已进入到了英雄时代。就是恩格斯在《家庭、私有制和国家的起源》这一著作中所说的英雄时代。英雄时代也是恩格斯这一著作中所称的军事民主制阶段，是文明诞生的前夕。

崧泽文化玉器并不反映王权，很多人研究，包括今天杨晶同志的发言，说它是佩玉的萌芽，发展到西周佩玉成为一种礼制。崧泽文化的佩玉是否是西周佩玉的萌芽，这一认识，还可讨论。崧泽文化中佩玉的作用，是炫耀财富，代表着使用者的社会地位。崧泽文化也有玉钺，但是目前我看到崧泽文化的玉钺和良渚文化的不同。良渚文化大墓的玉钺，没有使用痕迹，有的甚至都没有开刃，是军权的象征。军权这个问题，我在杭州的良渚遗址管委会举办的凌家滩遗址展览的学术讨论会上有一个发言，谈到了这个情况，说军权从发源到形成，经过几个阶段，这些意见，现在还可以参考。军权是王权的前身，军权演进到王权，也有个过程。我说良渚文化是神王之国，讲的是良渚文化社会控制神王之权即整个政权的统治者，既要手握军权又要执掌神权，才能掌控神王之权即整个政权。那么军权、神王、神王之权即整个政权的具体内涵是什么？这些问题都得做具体研究。现在我把崧泽文化社会定为英雄时代，即军事民主制社会发展阶段。这个社会阶段，尚不存在神王之权，是文明的前夕，尚未步入文明门槛。这个社会当存在某种形态的军权，也应有某种形式即一定发展形态的神权。现在考古发现已见到了它的军权，但不能论定它处于何种发展形态，至于它的神权是什么？我们尚无任何信息。这些问题仍待今后的考古发现与研究。谢谢大家。

（据记录稿于 2015 年 6 月 21 日下午改成，小石桥）

致“纪念石家河遗址考古发掘60周年学术讨论会”的贺信

湖北省文物考古研究所并“纪念石家河遗址考古发掘60周年学术讨论会”：

欣闻“纪念石家河遗址考古发掘60周年学术讨论会”在天门市隆重召开，甚为欣喜，特致函庆贺，祝大会圆满成功。

石家河遗址，是石家河文化据以命名的遗址。油子岭文化、屈家岭文化和石家河文化是同一考古学文化谱系的先后发展阶段的诸考古学文化。这一谱系的考古学文化为开发长江中游地区做出了最重要贡献，其文化影响波及长江上、下游和黄河中、下游，是我国诸考古学文化谱系中占着重要地位的一支独立的考古学文化谱系。石家河遗址，以石家河古城为中心，分布面积8平方千米，规模庞大，于中国史前遗址中，位居长江中游榜首，全国也少见，已被定为全国重点文物保护单位。因其处于城镇扩容地带，省、市有关部门为加强该遗址的保护，拟将其建设成国家考古遗址公园。我认为这是十分正确和非常重要的举措，双手赞成，高呼拥护，并望切实地处理好遗址保护，考古勘探、发掘及研究，以及国家考古遗址公园建设这三者的关系，早日建成石家河国家考古遗址公园。

值此会议之际，我向以往为石家河遗址考古与保护付出了辛勤劳动、做出了贡献的各位同人表达慰问，并致崇高的敬礼！

（2015 年 12 月 13 日于小石桥）

河套地区先秦两汉时期文化、生业与环境研究课题的进展与今后的任务

我想谈四个问题，第一个是以往工作的主要回顾；二是关于文化序列与编年；三是关于生业与环境；四是关于今后的任务。

一、以往工作的主要回顾

河套地区先秦两汉时期文化、生业与环境课题研究的工作，是从 2001 年正式开始，也可以说是始于 2002 年。工作出现较大变化阶段是榆林会议。榆林会议以前我没有明确工作的主要要求，所以大家从事这个课题的主导思想不明确，相互之间也不协调，这个责任由我来负。在榆林会议上，我提出了明确的要求，有些项目负责人跟我说没想到我的要求会这么高，感到压力很大。随后我去台湾了，接着两年多的时间里，两省一区（即陕西省、山西省和内蒙古自治区，以下均简称“两省一区”）的同志艰苦奋斗、务实求真，在调

查、试掘、发掘中都取得了重要的成绩，概括起来我们的成绩有以下四点：

其一，在调查中新发现了一些遗址，比过去掌握的遗址，数量成倍的增长。山西这个地方过去基本是空白的，陕西只是做了一些点滴工作，内蒙古的工作基础好一点，通过这次调查，都刷新了纪录，旧貌换成了新颜。但各省区在这次调查过程中新发现的遗址的数量和以前的比例也存在着差异，这种差异不反映各省区的工作态度，因为基础不一样。总之，两省一区都取得了很多成绩。

其二，对于一些重要的遗址，依据其重要性，进行了试掘或发掘。调查新发现的以及试掘和发掘所获得的成果均为文物保护提供了新的重要的依据，为文物保护提供了一批重要的资料。试掘的有些成果有利于我们明确对调查资料的认识的同时，又使这一地区存在哪些阶段的遗存的认识出现了重大突破。例如陕西的魏家楼瓦窑渠，这批资料以前见过报道，但一直没有正式发掘过，这次提供了大量的资料；山西试掘的相当于泉护二期的那批陶器，以及相当于西阴文化晚期的那批陶器是很重要的；昨天我们看到内蒙古的资料，我感觉有两个遗址很重要，一个是我们所说的龙山时期的那个下塔古城，咱们暂时叫作城址吧，另一个是西岔遗址。西岔遗址与山西的柳林高红遗址一样都很重要。“鄂尔多斯青铜器”这一含糊的认识使学界糊涂了很多年，南流黄河两岸出现的青铜器属于哪个文化，我们也长期不明白，高红 H1 的发现，为我们揭开了认识南流黄河两岸出土的青铜器的考古学文化属性的序幕，这次对高红遗址相当规模的发掘，使我们进一步明确南流黄河两岸出土的青铜器的考古学文化属性的同时，又让我们目睹了以高红遗址为代表的考古学文化的宏伟的夯土建筑。透过这建筑，能看到高红遗址为代表的考古学文化的经济、文化和社会的发展状况与高度的发展水平，其结果是使我们对这一文化的认识出现了质变。西岔遗址的年代，当在匈奴文化之前，或桃红巴拉文化之前。这次对西岔遗址的发掘，填补了以往这地区研究的空白。还应当指出的是，无论是高红的发掘，还是西岔的发掘，以及以往的桃红巴拉的发掘，都对长期影响学术研究的“鄂尔多斯青铜器”这一概念提出了挑战，现在我们应该根据桃红巴拉、西岔和高红发掘和研究的成果，澄清“鄂尔多斯青铜器”这一概念所含的对历史与文化认识的混乱，来正确地认识这一地区的历史了。

其三，因为过去工作形成的基础不一样，虽然各省区都付出了辛勤的劳动，但各省区呈现的成果，仍然存在着不平衡。尽管如此，各省区却在以往工作的基础上，都基本上完善了以往形成的考古学文化的编年序列，或新建立了考古学文化的编年序列。所以能在三四年间取得这样的成绩，除了以往的工作基础外，主要是因为这次采用了调查、试掘和发掘，也就是我们称之为游击战、运动战和阵地战相结合的战术或方法。

其四，我们还在已认识的考古学文化序列编年的基础上，对一些重要历史阶段的生业与环境，进行了探讨，收集了一些资料，作了测试，进行了分析，提出了认识，在这方面的研究上，也取得了一定的成绩。

总之，我们已取得很大的成绩。成绩很大，我们不能估计过高。在成绩面前，我们不能沾沾自喜，更要谦虚谨慎，要头脑清醒，看到工作中的弱点、缺点和不足。我不主张扬长补短，提倡补短扬长。大家知道水桶的短板效应，只有使水桶的短板增长了，才能增加水桶的容积。人也是这样，比如一个人有一条腿长一点，另一条腿短一点，如果老是扬长，那么最后是走不了路的，只有把短的腿和长的腿比较，短多少你把它补齐了，才可以走得快，比较快的到达目的地。尽管我或我们对这项工作的成绩估计很高，但是我们仍要抱着谦虚谨慎的态度，力争能正确地、实事求是地看到自己的长处，同时更要看到自己的不足。补短扬长，才能使我们在今后不太长的时间里，经过细致、认真、辛苦的工作，达到我们的目标。刚才几位同志（两省一区项目负责人）都谈得很好，对以前的工作说出了自己的认识，既谈到了取得的成绩，也谈到了工作中存在的问题和不足，让我们再努力，补短扬长吧！

二、关于文化序列与编年

确立先秦两汉十七个时期或阶段考古学文化的序列，并对这考古学文化序列的文化谱系关系进行释读，应是我们两省一区合作追求的一个重要的学术总体目标，至于各省区在某一时期是否存在着考古学文化，存在的考古学文化是什么考古学文化，同一考古学文化于各省区的始、迄年代是否存在区别，这要依各省区的实际情况而定，均不得强求一律。同时对各省区建立的考古学文化序列所作的文化谱系的释读，理应是各省区乃至同一省区学者齐放争鸣的空间。从两省一区先秦两汉历史的总体进程，或从这地区的主流历史进程来看，理应存在十七个时期或阶段的考古学文化序列。这是所以将它定为总体目标追求的原因。这总体目标不是两省一区都能达到的目标，各省区以及各省区内的不同地区能达到什么样的目标，需据历史的实际情形而定。因此也可以将这总体目标视为我们从事考古工作的视角，下面我就这一视角讲讲我的认识。

第一个阶段是后冈一期文化。后冈一期文化和半坡文化是东、西对峙的两种文化。就这两种文化本身来看，并不存在早晚，从凡分布着这两种文化的地区来看，后冈一期文化总体上早于半坡文化。山西与内蒙古均存在这两种文化。陕西榆林和延安的一部分地区，是否存在着后冈一期文化，仍待考古工作揭示。渭水是半坡文化的母亲河，半坡文化是从西向东推进的，挤压着后冈一期文化，逼着后冈一期文化往东撤退。

第二阶段是半坡文化。半坡文化和后冈一期文化既是东、西对峙的两类文化，这对峙的文化于文化上也存在相互吸收。刚才关强跟我说了，这两个文化各自均存在对方的不少文化因素，应作认真的文化谱系分析，才能将它们分辨出来。是的，任何一种考古学文化的文化谱系结构，都是一元为主的多元文化的谱系结构，我们需对这两种文化的文化因素进行文化谱系的分析，以明辨它们的哪些文化因素是血亲传承下来的，哪些文化因素是由姻亲吸收进来的。这两种文化的文化因素的区别是什么？就我个人的认识来看，是否有绳纹；是黑彩，还是红彩；是否有鱼纹；是以弦纹罐，还是以罐形圜底釜或罐形圜底釜形鼎作为炊器；是否有小口尖底瓶，还是小口平底壶，是区分半坡文化和后冈一期文化的重要的文化内涵。

第三阶段是西阴文化。这一文化在两省一区均有分布，应注意的是，类型上是否有区别。

第四至第六阶段，即半坡四期文化、泉护二期文化和荆村文化时期。两省一区均有这些阶段的文化遗存。其文化面貌、特征和性质，当和半坡四期文化、泉护二期文化和荆村文化区别，其相互之间也存在差异。两省一区对这三个阶段遗存的发现和认识颇不平衡，内蒙古走在前面，陕西见到一些踪迹，山西则有待发现。内蒙古的庙子沟文化小口尖底瓶，就其特质来看，处于泉护二期文化阶段。据此判断庙子沟文化的年代，应处在泉护二期文化时期。内蒙古在庙子沟文化之前，早已发现了不少有本地特色的西阴文化遗存，从发现的西阴文化和庙子沟文化来看，两者之间当有缺环，我想这缺环便是半坡四期文化阶段的遗存。现在被划归庙子沟文化的遗存，年代较早者，实含有马家窑文化的一些文化因素。故我推测这里应该存在而未被我们发现的半坡四期文化时期的遗存，当是含有马家窑文化因素的一种遗存。同时，内蒙古在庙子沟文化之后，又被认识的是一种含形态特殊的小口尖底瓶为主要特征的文化遗存，这遗存也可称为以小沙湾遗存为代表的考古学文化，其年代当已进入到了荆村文化阶段。应注意的是，这遗存晚期的小口尖底瓶的尖底，虽基本上演变成了平底，但底部的制法，仍沿用小口尖底瓶的尖底制法，故尖底还以“盲肠”的形态被保留下来。从目前考古发现来看，西阴文化型的双环口小口尖底瓶只有内蒙古能见到自然的未受干扰的从始至终的演变序列。陕西的榆林地区和宁夏接壤的地方，可能存在含有马家窑文化的文化因素较多的一类遗存；榆林市区附近，见到泉护二期文化阶段的遗存，颇有特色。位于南流黄河东侧的偏关，还在20世纪90年代前期，乔梁和我一起去过，在那里的文物部门见到过当地采集的庙子沟文化的陶片及带有“盲肠”形的“尖底”的小口尖底瓶的底部残片。同时，据已公布的考古报道，南流黄河西侧的榆林府谷，也出土过这类小口尖底瓶的“盲肠”形的器底。已见到的材料不多，但其所显示的意义则十分重要，我个人认为，根据这些材料使我们可作出这样的推测：南流黄河两岸榆林大部分地方和晋西北地区在这第四至第六阶段的考古学文化及其更替，当同于以上讲的内蒙古地区。榆林南部和延安地区于第四至第六阶段可能见到的考古学文化及其演变轨迹，很可能是别样的情形。这里虽有同于晋中和临汾盆地的可能，但从发现的绥德小官道及甘泉史家湾的遗存归属于荆村文化来看，我推测很可能同于其南面地区的考古学文化及其演变轨迹，即半坡四期文化、泉护二期文化和荆村文化及其替代过程。相应于榆林南部和延安地区的山西的南流黄河沿岸地区，可能见到的考古学文化及其演变轨道，我估测会与榆林南部和延安地区不同，很可能同于晋中和临汾盆地。

第七至第十阶段，即杏花文化和游邀 H3、H502、H2 为代表的遗存，白燕遗址第四期为代表的遗存和朱开沟所见蛇纹鬲为代表的遗存。杏花文化基本上相当龙山时代。杏花文化很可能起源于晋中，她兴起之后，迅速发展，广泛地分布于内蒙古和陕西，但未进入临汾盆地。临汾盆地分布的则是以陶寺 M3015 为代表的遗存。游邀 H3、H502 及 H2 为代表的遗存，是杏花文化的后裔和白燕遗址四期遗存的前身。游邀 H3、H502 及 H2 为代表的遗存和其后裔白燕遗址四期遗存分布于太原盆地及忻州盆地。这类遗存在大同盆地也有发现，准格尔旗发现的称之为大口二期文化遗存，很可能是游邀 H3、H502 及 H2 为代表的遗存的偏晚阶段。在临汾盆地不见这类遗存，这里见到的却是以肥腿鬲为代表的遗存。这类肥腿鬲见于神木新华和准格尔旗的朱开沟。神木新华遗址也见游邀 H3：1 那样的陶鬲。在新华遗址出土的肥腿鬲和游邀 H3：1 那样的陶鬲，是共生，还是存在着早晚，这问题尚需研究。我估计很可能是共生。如是共生，意味着什么？凡有肥腿鬲的遗存，都共生着方体单把鬲，故出方体单把鬲的朱开沟那批墓葬，当是以肥腿鬲为代表的遗存考古学文化的墓葬。肥腿鬲遗存为代表的考古学文化的年代，当和游邀H3、H502及H2为代表的遗存相当。这肥腿鬲为代表的遗存和游邀H3、H502及H2为代表的遗存在内蒙古及陕西的交集，是如新华遗存所显示的那样，仅是前者吸收了后者某些文化因素，是否还同时存在着两种文化的对峙与碰撞呢？或如大口二期文化遗存可能说明的那样，只是到了偏晚阶段，以游邀H3、H502及H2为代表的那类考古学文化的居民才进入了内蒙古和陕西地区？在内蒙古和陕西的大口二期文化遗存是否进一步发展成了白燕遗址四期为代表的那类遗存？作何回答？这是我们这次工作应当求证的问题。同时，无论在临汾盆地还是在肥腿鬲为代表的遗存的分布地区，迄今均未见到这类遗存的后裔，寻找这类遗存的后裔，也是我们这次工作应该求索的问题。第十段以朱开沟蛇纹鬲为代表的遗存的年代，当纵跨夏、商两个阶段，目前的发现，仅限于内蒙古地区，其源流尚不清楚。我希望我们这次工作能对这类遗存做些新的探索。

第十一至第十七阶段，年代分别相当商代前期、商代后期、西周、春秋、战国、西汉和东汉。截至目前，人们没有见到蛇纹鬲为代表的遗存的时期至商代后期的任何考古发现报道，这向我们提出了这样一个问题：是商代前期南流黄河两岸地区无人居住，还是考古工作未能做到家，未能发现居住在这里的居民留下的遗存呢？约当商代后期的殷墟一期时期，商人在此留下了足迹，但随后就从这里消失了，接着便出现了以高红 H1 为代表的这类文化。从以往偶然发现数量不少的青铜器及白燕发掘的几座大墓的规模，和此次对高红遗址的发掘来看，这一文化创造了奇迹，将这一地区文化与文明推进到前所未见的辉煌，踏上了同先周的周人、白燕五期文化居民及商代后期的商人对峙竞技的舞台。在高红 H1 为代表的这类文化之后直到战国时期，南流黄河两岸的一些地区相继出现了西岔、西麻青、桃红巴拉和新店子这四类遗存所代表的文化。目前，我们对这四类遗存只有一些点上的了解，还不明确它们的分布范围，我寄望这次工作于这方面有所进展。同时，自从商人在殷墟一期文化时期退出河套地区之后，如柳林高红 H2 及 Y1 所显示的那样，华夏—汉族的居民才于春秋时期进入了河套地区，随后经战国时期的发展，才成为这一地区的主体居民。

这里我粗略地讲了至今考古发现见到的涉及河套地区十七个阶段的考古学文化与族群的更替情况，也提出了一些粗浅的认识，和大家讨论，追求的目的，不是现在要作出什么结论，而是要以这十七段作为我们观察河套地区历史与文化的视角，作为我们工作的出发点和追求的目标。我主张以这十七个阶段来审视我们的工作，但不主张以这十七个阶段作为评判我们工作成绩有无或大小的标准，我们应当坚持务实求真，无论就整个地区来说，还是就某一部分地区来说，有多少个阶段，哪个阶段的有无，都当依据实际情况而定，我只是希望经过仔细、认真、踏实、艰苦的工作，摸索出本地存在的考古学文化序列及其编年，并在这一基础上做出文化谱系的探索。

三、关于生业与环境

这里说的环境，是指气候、水量、纬度与地势这些天地的因素给予人类可能活动的条件与空间；这里讲的生业，相当于大跃进时期习称的除林业之外的大农业，或广义的农业，也基本上相当于现今所称的第一产业，是指农、牧、渔猎、采集和副业。所言的副业，是蔬菜水果这类生产经营。环境不同，动植物种属有别；基于不同的动植物的渔猎与采集经济及其长成的文化的内涵，相互间当存在着差异；基于内涵不同的采集经济，转化或发展出来的栽培的谷物种属，也出现了区别。通过考古学追根溯源的研究，我们可指明某一地区是种植粟的始原地，另一地区是栽培水稻的发源地，培植麦子的故乡又在哪里，等等。不仅如此，我们还能通过考古学追寻、探明这些各自发明了种植不同农作物的农人，怎样通过移民和文化的传播，向外传播自己的农作技术之同时，又吸收了他人的农作技术，使自己成为能经营多种农作物的农民。讲了这些我想说明这样一个道理：人类既能利用环境，又能改造自然，以及通过不断出现的发现与发明，创造出新的生产力，实现新的生产方式，以增强人类社会的能力，向自然进军。但是，无论是改造环境，还是利用自然，人类都得适应环境和遵循自然运动的规律。这个道理，古今中外，概莫能外。在早期社会，从河套地区来看，如上所说，采集什么，渔猎什么，能从事什么样的农业和能发展出什么样的牧业，还得“靠山吃山，靠水吃水”，环境影响生业经济发展的方向，决定着人们实行何种经济类型。同时，又如我在《考古学——连接中国西部古今之桥》一文的讨论所指出的那样：河套地区经历“以往约近3000年农业的过度垦殖，导致严重沙化的结果”，“是十分严重的，不仅使原居民消失得无影无踪，也使商代前期的移民难以站稳脚跟”，“经历了700多年的荒废，才于商代后期稍晚，经历西周至战国，与该地区变化了的环境相适应，先是出现了兼营农牧业而后主营牧业的居民，再后又转化为基本纯粹的牧民”，“需指出的是，他们创造的文化虽自具特色，却拉大了该地区和黄河腹地及长江中、下游地区之间的经济、文化的差距，使这地区成了经济及文化的落后地区。但经过约近千年的土地荒芜和居民经营牧业”，“地力有所恢复，为秦汉移民垦殖这块土地，提供了客观条件。然而，由于秦汉时期过度地开发农业，如考古学者考察乌兰布和沙漠所见到的情景那样，终于使大面积的表土破坏，覆沙飞扬，逐渐导致了这一地区流沙的形成，河套地区出现了第二次大规模的沙侵，并使一些土地变成了沙漠”。导致沙侵的原因，是农业的过度开发还是自然演变规律，或者两者均有之？如是后者，何是主因？这个问题的最终解答，还待继续研究，也将讨论下去。但大跃进时期和改革开放后对这类地区的过度的农业开发带来的灾难，却是我们目睹亲闻的，朱镕基总理提出的克服这一灾难的做法，是退耕还草、还林和还牧，牧还得从放养改为圈养。看来，需遵循自然规律做事，不管被迫也好，还是自觉的也好，终将这古今之轨接连起来。但是，我们却不能由此走进气候、环境与地理决定论。近年来，盛行的以气候暖、冷之变解释文化兴衰之说，便属此论。此论之荒诞，在于用变化缓慢的事物，去释读演变比它快的事物。

河套地区种植农业的兴起，是外来移民垦殖的结果。看来，河套地区显然不是种植农业的发源地，是否是牧业的起源地？羊、牛、马和骆驼这类食草动物，是牧业的主要内涵，也是支撑牧业经济与文化的生产力。羊、牛、马及骆驼这类食草动物是怎样被人类驯化、饲养和繁殖的，以及牛、羊这些动物的肉，尤其是它们生产出来的奶和用奶加工成的奶制品，如何成为牧养者的主要食物，还有动物的皮、毛的加工与利用的问题；除此之外，还得探索饲养不同动物品种的牧民之间，以及牧民与农民之间通过怎样的技术物质及文化的交流，以实现增多饲养动物品种、提高饲养技术和互通有无这类物质交流等问题。自然，这些也是研究牧业起源与发展必须回答的基本问题。在河套地区，与牧业有关的，一是朱开沟那批随葬着方体单把鬲这类遗存所代表的考古学文化，一是高红 H1 这类遗存所代表的考古学文化。这两类考古学文化，一是它们的年代，不但不衔接，其间年代的间距，还相当的大。前者的年代位于二里头文化之前、龙山时代之后的夏王朝前期；后者的年代上限，约在殷墟二期之时。二是它们虽都以陶鬲作为日常生活的基本器类，但两者的形态不但迥然相异，且制作工艺也决然不同，故不可能存在源流关系。这两类考古学文化，当是文化谱系有别的不同的考古学文化。我们对这两类遗存分开做些说明。

先讲朱开沟那批随葬着方体单把陶鬲的墓葬所代表的考古学文化。这类墓葬广泛地用羊随葬。以羊随葬的现象，至今见到年代最早的只有两例，一为火烧沟四坝文化墓地，一是朱开沟这批墓地。朱开沟这批墓地的年代，早于火烧沟四坝文化墓地。以羊随葬，说明养羊业的发展已进入相当规模和羊已成为人们食物构成中的重要成分。但我们目前还没有材料估量朱开沟随葬着方体单把陶鬲这类墓葬所代表的考古学文化的生业的总体结构，就无法说明这养羊业在当时居民的生业中到底占据着什么位置。同时，从目前掌握的考古材料来看，朱开沟这类随葬方体单把陶鬲墓葬所代表的考古学文化的文化谱系，既不应将之归入此地的西阴文化——小沙湾遗存为代表的考古学文化这一谱系的文化，似乎也难以将之归入杏花文化这一谱系行列，很可能是继杏花文化移民进入河套地区之后的另一外来居民留下来的考古学文化的遗存。这一考古学文化的源不在此地，又未能在这里扎下根来，它可能和广泛见于临汾盆地含有肥足鬲的那类考古学文化遗存有关。这些都是揣测，还有待今后探索求证。如这一揣测可证的话，可否认为这支考古学文化居民移来之前，还是农业居民呢？如是，它的养羊业是从哪里学来的？

现在再来谈谈高红 H1 这类遗存所代表的考古学文化。关于高红 H1 这类遗存所代表的考古学文化的生业，至今仍只能停留在这样笼统的认识上：亦农亦牧，至于农牧各占多少比重，则说不清楚了。高红 H1 这类遗存所以能代表一种考古学文化，是因为它有这样三种文化特征：一是陶鬲。二是青铜器。它的青铜器构成相当复杂，可作为其文化特征者，则是被称之为“鄂尔多斯青铜器”的铜器。三是卷云形金耳环。这文化的陶鬲，除其形态自具特征外，就是制作工艺。这陶鬲的制作，是先模制出三足，接着将三足捏合在一起，构成水平的平台，此为这陶鬲的下部。然后从这平台开始接制鬲的上部，直到口沿，最后用带着绳的陶拍和光面的陶垫，对它做拍打修整加工，晾干后烧制，便完成这陶鬲的制作。中国制鬲工艺，分两个系统：一是我讨论过的客省庄文化和杏花文化系统。从白燕遗址研究来看，杏花文化这一系统，自商代前期起，其工艺转变为“筒改鬲”的制作工艺。二是这里说的高红 H1 这类遗存所代表的考古学文化制鬲工艺系统。使用这一工艺系统制作陶鬲的诸考古学文化，于殷墟二期，有的文化或许晚于这个年代，突然出现于东起大兴安岭东侧的嫩江流域，西至祁连山脚下的河西走廊。奇怪的是，分布在山东半岛的珍珠门文化，也使用这种工艺制作陶鬲。到现在我们还不清楚制作陶鬲的这种工艺是如何衍生出来的，同时，除使用这一工艺制作陶鬲的白金宝—汉书文化这一谱系的文化外，也不了解其他谱系文化的文化制鬲工艺的流变。除这些之外，我们甚至说不清高红 H1 这类遗存所代表的考古学文化的来龙与去脉。这些都是我们应该关注的问题，但是我认为这次工作实难以解决这些问题，希望能通过这次工作搞清楚高红 H1 这类遗存所代表的考古学文化生活在什么样的环境，饲养什么动物，种植什么作物，采集什么和渔猎什么，总之，是生活的环境和生业结构的大体情形。

通过什么样的道路和途径，发展成匈奴那样的游牧经济和文化，河套地区的农业是怎样发展的，牧业是怎么发展起来的？什么原因使河套地区在一定时期变成荒无人烟的地区？什么原因和怎样的条件实现什么样的农牧业的更替？这是治中国考古学的学者的具体追求。只有通过一步一个脚印的具体问题的具体探索，才能实现这一战略目标。关于河套地区的生业与环境的研究，还得细化成一个一个具体问题，一步一步地去求索。我们当前要做的事，是将我们的追求，细化成一个一个的问题，并制订出可以操作的求出答案的方案。

四、今后的任务

河套地区先秦两汉时期文化、生业与环境研究课题的工作，经历了前期、中期，从现在开始，已进入到了后期。由于参与这一课题研究的人员认真仔细、勇善奋进、克艰克阻，使前期和中期的工作，取得了可观的成绩，为河套地区的考古开创出了新局面，令人欢喜，在此时刻，我们应头脑清醒，认识到后期工作仍十分艰巨，做得好坏，事关结局，终局败下阵来，全盘皆输，因此，只能持谦逊、谨慎态度，走出欢喜，认真反省前期和中期工作，尽心地寻找弱点、缺点和不足之处，加倍努力，做好后期工作。后期还有哪些工作？各个省区的负责人要想，凡参加工作的人员都得想，各省区都得明确后期工作目标，制订计划，确定日程，指定人员，去完成后期的各项工作。我在此也提出一些个人想法，供各省区定目标、定计划、定日程、定人员参考。

第一，找寻缺环，补全序列，树立标杆。对以往和本次考古调查、勘探及发掘所见资料，再作一次全面认真仔细的清理，以十七个阶段作为观察视角，看是否存在着缺环，如果发现还存在着缺环，就要再做点工作，去寻找缺环，以补全序列。我说的是以十七个阶段为观察视角，不是说要以十七个阶段为标准，标准是遗存的实际，有则有、无就无，总之，我们这次工作的目的，是要搞清楚河套地区历史过程的序列。这次建立起来的序列，要经受得住今后考古工作的检验。要求这次工作建立起来的序列一环不缺，十全十美，那是不现实的，但也得要求大致不缺，基本可靠。序列确立之后，还得认真地检查一下，这序列的各环是否都有可靠的标杆。什么是可靠的标杆？“可靠”是指能讲清楚某一环遗存的文化面貌、特征、性质与年代；可靠的“标杆”，是能体现某一环遗存的文化面貌、特征、性质与年代的具体遗址的遗存。如果确立的序列中某一环还缺乏这样的“可靠的标杆”，就得找一处遗址，做点试掘，找到能作为“可靠的标杆”的两三个单位。标杆立起来了，是否就得立一个考古学文化之名？考古学文化命名之举，还是慎重为好，可先暂称某某为代表的文化遗存。

第二，补充序列中的基本环节的生业与环境的资料，从截至目前的工作来看，这是最薄弱的地方，要把这有关的问题一一搞清楚，已是很困难的了。所谓基本环节，我想的是一至六段中某一两段和七至十段中的某一两段，以及第十一段和战国或西汉前期某一两段。总之，所谓基本环节，是指生业或环境，或这两者都呈现出变异的时段。除这些环节的生业与环境，还要加上那荒无人烟的生态。为了做好这件事两省一区应碰个头，开个小会，以做到相互配合，各有侧重，避免重复。这一工作，要吸收搞科技的学者参加。

第三，对已经掌握的遗迹，要排个队，看哪些能定为国保，哪些能定为省保，哪些能定为市保和哪些能定个县保，以及哪些还难以入这些保护级别。文物、遗迹和考古学遗存，都属国家财产，虽有保护级别之分，但都属保护之列。对已发现的遗存，都得搞清楚其文化性质、年代和分布范围，建立好包括这些内容的文字、绘图及照相的档案，分别送相关的县、市、省（区）文物行政主管部门，并提出哪些遗址或墓地应列入某级文物保护单位，使这些遗存得到有效的行政保护。这是我们此项课题研究应当完成的一项重要工作。

第四，各省区负责同志，在保证完成上述工作的前提下，现在应组织人力投入室内整理工作了，从今而后，室内整理乃至编写报告，便逐渐成为我们的主要甚至是唯一的工作了。摸陶片，认识陶片，拼对陶片及复原陶器，搞清楚陶器表述的考古学文化的文化的面貌、特征、性质及其所处考古学文化序列中相对年代的位置，既是进入室内整理的第一道工序，又是关系到室内整理成败、优劣的基础性工作，我们一定要安排一段时间，集中精力做好这件工作。释读地下这本书，是考古学的基础研究。田野调查、勘探及发掘、室内整理和编写报告，是释读地下这本书，亦即作考古学基础研究必经的三道工作程序。不做好这三道工作程序，就释读不好地下这本书，就难以建立起考古学的研究基础。因此，从事考古学的学人必须以严谨、认真、仔细的态度，做好这三道工作。田野调查、勘探及发掘、室内整理和编写报告这三项工作，既具相对独立性，又相互衔接，在工作安排上，应注意这两重性，更应注意其中的衔接，要切实地做好其间的衔接工作。

各省区应编写的考古报告，分为两类，一是调查报告，二是发掘报告。各省区都得编写一本调查报告。凡调查所见遗址都得写进这一调查报告，凡纳入这一调查报告的遗址，都得写清楚各个遗址的地理位置、范围、大小，并按年代或考古学文化记述好所见遗存。整本调查报告要说明白遗存的考古学文化或年代序列，在可能的情况下，也可以做点考古学文化的文化谱系关系的解读，也要说明白这些不同考古学文化或年代的遗存见于哪些遗址之中。总之，是要将调查报告建构成遗存、时、空的网络。各省区都得编写几本发掘报告。具体到某一省区编几本发掘报告，这事我和各省区负责人已进行了初步商量，最后由各省区负责人决定。一本发掘报告可以是一个遗址，也可以包涵几个遗址的发掘资料，哪些遗址归入一本发掘报告，既可以依地域来划归，也可以依时代或文化属性将它们聚入一本报告，如何划归，由各省区负责人确定。我对这些发掘报告的希望或要求是：要将资料写够，还得说清楚，都得构建出层位学和类型学的遗存、人、时、空或遗存、时、空这两个平台。

第五，至报告出版之时，各省区负责同志都得将这次调查勘探和发掘、室内整理以及编写报告过程中所产生出来的实物、文字、绘图和摄影等资料清理完毕，并交相关单位作为国家档案那样永久保存。在这些报告出版一两年之后，保存这些资料的单位应向需要研究这些资料的科研人员开放所保存资料。

第六，在完成上述任务的同时，各省区负责同志需组织一定的人力，对河套地区先秦两汉时期的文化、生业和环境及其相互关系做点探索，我希望借此研究能产生一点具有规律性的认识。学问有三层，一是“实事”，二是“求是”，三是“通古今之变”，规律性认识应属这第三层。我们的探索能达到这第三层认识，就可作为现今推行的西部大开发战略的镜鉴了，这是我倡导搞这河套地区先秦两汉时期的文化、生业和环境研究课题的最终追求。对此，我寄予希望。

时不待我。我同关强及各省区负责同志作了一些商量，决定 2009 年结束这一课题的研究工作。为使这一课题能顺利进行，成立了由杨建华、朱延平、乔梁和杨晶组成的督导组。杨、朱和乔分别联系内蒙古、山西和陕西，遇到解决不了的问题，可通报给杨晶，由杨晶归总交我处理。谢谢各位同人，谢谢两省一区负责同志，谢谢张柏、关强同志，让我们奋斗、苦战迎接 2009 年。

（这是 2006 年 6 月在内蒙古考古研究所召开的“河套地区先秦两汉时期文化、生业与环境”课题会议上的讲话，经曹建恩整理，我于 2016 年 5 月 22 日修改成此稿）

我从上海的历史看到了什么？

——在“城市与文明”学术研讨会上的讲话

首先祝贺“城市与文明”学术研讨会圆满闭幕，这个会议的议题非常丰富，参与学者有相当的规模，是一个高水平的会议。同时，“申城寻踪——上海考古大展”也十分精彩，我已经被深深吸引，所以我参加小组会的时间较短。但是，我翻看了一些提交会议的论文，信息量比较大。

宋建打电话邀请我参加“城市与文明”学术研讨会，我当时心里想，这些年一直在讨论文明，这次会议能有多少新的观点和材料呢？结果看了“申城寻踪——上海考古大展”，使我大开眼界，使我重新认识了上海。这个展览汇集了 1949 年以后的上海考古工作成果，利用出土文物向公众展示了上海城市发展的脉络。观展过程中，我个人有个体会，结合“城市与文明”的主题，我们可以通过上海发展的历史谈文明、谈城市。上海城市的历史，值得我们总结。通过上海城市史的研究，我们可以总结出一套具有规律性的认识，进一步推进上海城市的发展。

此外，我有一个想法，这个展览非常精彩，听说 8 月底撤展，太可惜了。习总书记提出让文化遗产活起来，要让大家留下历史记忆，记住乡愁，所以我建议长期保留这样一个展览，应该让观众多看看。上海博物馆是上海的一个窗口，人们可以通过这个窗口来认识上海。

上面是我想谈的第一点。

第二点，我从上海历史的发展谈一些看法。上海的历史是从马家浜文化开始的，距今大约 6000 年。上海 6000 年的历史，就上海本身的发展来看，基本是一个直线上升的发展趋势。但是，如果把上海放在全国乃至东亚与世界来看，我认为上海呈现出两头高、中间凹的马鞍形的文化发展态势。两头高，其中一头即是史前，史前又分为两段，马家浜文化至良渚文化是第一个阶段，尤其是崧泽文化到良渚文化，发展最快。另一头高就是 1854 年到 20 世纪 30 年代。中间的一段和两头相比，比较低洼，文化发展较为平缓，与中国其他区域相比没有太高的地位。

进一步就两头高来比较的话，前面一段更多的是原创性的，后面一段则是在引进与模仿的基础上的发展。上海的崧泽文化、良渚文化，如崧泽陶器的轮制水平是非常先进的，最早发明了犁和镰刀。崧泽文化时期，其玉器发展水平已经非常先进，至良渚文化时期，其玉器工艺已经冠绝全国。所以这是上海的光辉时代，在这个时代它的很多发明都具有原创性，所以它就把上海推到一个先进的行列。后一阶段，开埠以来的上海，与第一阶段相比，原创性不多，主要是引进、模仿外来的东西并加以改进。这个时候，上海基本是在追赶西方文明，但是追赶得还不错，形成了海派文化。在20世纪30年代，上海成为全国乃至东亚最大的城市，超过了东京，当时香港也只是一个中等城市，台湾就更不用讲了。然而，就这两头的比较来看，原创性显然要比引进、模仿更好。当然，在不能原创的时候也要模仿，模仿也能进步。

上海近现代的发展也呈现马鞍形的态势。20世纪30年代的上海人文荟萃，思想活跃，涌现了许多大学、许多知名教授、许多出版社，涌现了胡适、陈独秀、鲁迅等一大批知识分子。1949年以后生动活泼的上海渐趋沉寂。改革开放以后，邓小平提出以经济建设为中心的路线，活跃了文化氛围，上海又开始了快速的发展。

当今中国，正在以科学发展观为指导，搞好政治、经济、社会、文化、生态五大文明建设，共创和谐社会。在这个过程中，如何对待西方文化是一个非常关键的问题。中国从明代晚期开始引进西方文化，经过明清时期，经历鸦片战争、洋务运动、辛亥革命，后来引入了马克思主义。上海的历史，尤其是对上海近现代历史的总结，可能对这个问题有一个清晰的认识。

通过观看展览，我有一个强烈的体会和愿望，我希望祖国更加强大，上海更加富强。但是如何走向未来，我认为还是要从拯救文化开始。根据历史的经验和教训，我们只有把文化的问题解决了，才能搞出原创性的成果，而自由的文化氛围则是开展原创性工作的重要前提条件。

（原载于《“城市与文明”学术研讨会论文集》，上海古籍出版社，2016年）

希望家乡成为简牍的强市、强省

——在纪念走马楼三国吴简发现二十周年长沙简帛研究国际学术研讨会闭幕式上的讲话

朋友们，下午好！会议有关方面要我作闭幕词，我认为自己没有这个身份。这是因为和与会大多数朋友相比，我是外行。我和长沙、和吴简还有一点乡情和文缘。所谓乡情，我是长沙人。我和吴简、和湖南三个大的简牍发掘有一份文缘。另外我又是故宫博物院的成员，而故宫博物院又是三个主办方之一。我早就从院长岗位上走了下来，这几年，单霁翔院长给了我一个头衔，叫故宫研究院名誉院长。

一、我和家乡简牍考古的一份文缘

1996 年，我从香港讲学返京途中，到了家乡，既是探亲，也为了解一下长沙的考古搞了些什么。宋少华把我领到走马楼考古工地。这工地是个很深的大坑。坑中见到的仅是一些井孔，挖出的大坑早已进入生土，所以大坑中所有井孔的孔口，已不是原生的孔口了。少华对我说：“你看到的这些井，都是三国时期的井，那时长沙由吴管理。井中发现了许多简牍。”听到他说简牍，我感到新鲜，又觉重要。他说，这样重大的发现，施工方正在那里和他们扯皮哩！好在省文物局何强支持，他下了个行政令给建设方，叫他们停工，现在双方还在胶着哩！我对他说，这是长沙，还是湖南，乃至全国的首次发现，可称为世纪性发现。要他们坚持下来，做好保护，做好发掘。如何发掘，我向少华说了我的一些想法。回到北京，我立即向苏秉琦先生、宿白先生和俞伟超、徐苹芳、黄景略讲了在长沙见到的这一重要的发现，他们全都兴奋起来，说这要向国家文物局说说，可要发掘好、研究好、保护好，说湖南没有这个能力，文物局得管起来，中国文物研究所（今中国文化遗产研究院）得参与这事，研究之事主要须由田余庆先生组织力量担当起来。宿白先生把我们这些意见，告诉了张文彬、张柏。张文彬也认为这个发现十分重要，国家文物局出面协调有关工作，同时将这一发现上报国务院，时任国务委员李铁映同志立即做了重要批示：这是一次重大的文物发现，一定要全面、妥善保护好，组织专家进行系统的整理和研究。这走马楼三国吴简的发现，以后就好戏连台，在座的各位，有的是某出戏的一位角色，或是另外一些戏的观众，我就成为纯粹的观众了，所以以后的事，轮不到我讲，也用不着我讲，大家都明明白白。

第二件事，就是龙山县秦简的发现。2002年，秦简发现后，国家文物局要我邀几位专家去看看。我们一行，除我外，有陈雍、赵福生和我的助手杨晶，在张家界下飞机后，经永顺，到龙山，然后向吉首进发。张柏带了国家文物局一行，到达张家界，时间约比我们晚一天，走的也是这条路线。这两路人马沿途时见时散，直到长沙开会之时，没有交换过意见。我带的这支人马，一路有州里和相关的县里以及省里同志陪行，在龙山里耶住了一晚，由袁家荣陪同看了工地、出土材料，就如何发掘、遗存年代和可否分期，以及周围环境及其与周围遗址的关系，与工地负责同志交换了意见。我们看遗存与出土材料比较仔细，意见交换也较深入。沿途直到长沙开会前，省、州、县以及有关水利工程的同行，都问过我们对遗址保护的意见，在吉首还开了个相当规模的会，会上发言踊跃，大家纷纷陈述意见，目的就是一个，要遗址保护给工程让路，否则几千万、三四个亿就损失啦！在这个会上，也多次要我发言，我只是说，我是来调查的，是来听取各方面的意见的，无发言权。直到长沙开会之前，我不但未向省、州、县，未向国家文物局张柏、杨志军一行，也没有同我们自己这一行谈过，或者交换过如何处置里耶遗址的意见。这两行人马在吉首会合，住了一晚，参加这个会后，便于同一天的晚上，有的坐火车，有的坐汽车，向长沙进发了。

第二天一早，我们坐火车的就到了长沙，坐汽车的晚了一点，且路上还遇到了一点风险，吃过早饭，便得到要我们这行专家参加会议的通知。进入会场，见到张柏、杨志军已经坐定，我入席后，经主持会议的人介绍，才知省委文选德副书记，还有一位主管副省长、文化厅厅长等都参加这个会议。会议一开始，张柏、文选德副书记相互推请对方先讲话，推来推去，张柏说："我们还是先听听专家张先生的意见吧！"两人将我夹在中间，我被挤了出来，只得先登台了，说，我讲的意见，只是我个人的意见，不代表其他同行的专家，其他专家有何意见，自行发言就是了。我的意见，属于被咨询性质，只供局里或省里决策时参考。我是长沙人，这次回到家乡，遇到的问题很棘手，是针尖对麦芒，涉及工程和文物保护，是工程让路还是文物保护让路的问题，除这两条路外，无第三条路可走。沿路见到的一些朋友向我说的是，如果工程让路，要损失多少多少钱，有的说几千万，有的说三四个亿。听了这些话，里耶的发现值多少钱，我只能说是无价之宝.这无价之宝，无法用钱计算，可以说，是无法以钱能计算出来的价，也可以说它一钱不值，也就是不值一个钱，所以这针尖对麦芒，也就是有价对无价的问题，是无价让路还是有价让路的问题。我再一想，凡是有价的东西，能计算得出价的任何宝贝，都是我们能制造出来的，凡无价之宝，都是我们无法制造的。我们是湖南人，自近代以来所有作为，对得起我们这个民族、我们这个国家，怎么能在这"有价"面前退缩，而不去问问这无价之宝是个什么宝，该不该以有价去护这个宝哩？这无价之宝，是个什么宝？不仅有那批秦简，还有那座秦国和秦代的城。不说这座城在秦统一中国的历史地位，单说那批秦简，就不得了了。这批秦简，据袁家荣所长说，至少有两万五千枚，内容涉及的基本上是当时活生生的行政运转的文书。在这个发现之前，全国仅在青海、四川和湖北等地共见到约两千枚，不及里耶这次已发现的十二分之一，随着考古工作的进展，还会有秦简出土。先不讲里耶发现所具有的现今讲得出来的科学、文化与历史的重大的学术意义，单凭她是空前的和横空出世的重要发现，难道不值得我们用几千万乃至几个亿去维护那无价之宝吗？所以，我的意见是：有价对无价，针尖对麦芒，有价让出路，无价去畅行。再重申一遍，我的这个意见，仅供省、局用于做决策的参考。

我发言之后，张柏请其他参与会议的专家发言，参与会议的专家或不发言，或同意我的意见，或在我的意见基础上，做了一些补充性的申述。会议最后张柏请文选德讲，文选德请张柏先讲，相互推来推去，还是张柏先讲了。他的意见，是同意我的发言。接着文选德副书记讲话，他说同意我的讲话，按国家文物局决定办。过了一两天，我从《湖南日报》头版头条刊登的杨正午省委书记在关于里耶发现的一次现场办公会议讲话的报道中看到，我在上述会议上的意见，基本上被他采纳了。这些都令我高兴了一阵。会议之后，国家文物局将里耶遗址列为国保的报告上报国务院，时任总理朱镕基立马做了批示：我看比起以前讨论通过为国保的单位，这里耶更是国保了。总理一支笔，就这样将里耶定为国保单位啦！单独将一处遗址批为国保单位，里耶是盘古开天地，至今也只见到里耶这个例子！通过这事，我再次体会到文物这事，首要的就是要抓保。为了保，不仅要敢说话，还得把话说到点子上，要遵法依规，更要敢于坚持，才能达到文物保护的目的。

第三件事，则是益阳发现的那批简牍了。益阳的发现，是益阳曹伟向我说的。他先用电话，后到我家里向我谈了正在考古的这个发现。我听着听着，越听越生气，认为他们处理这样重要的发现，太草率了，原因是少了科学认识，处置问题能力不及。没等他讲完，就要他停工，又对他说得赶快向省和国家文物局汇报，请专家到现场考察，提供发掘和保护意见；发掘队伍，要另行组织。或在当着曹伟的面，或者在他走后不久，我便将我这个意见，报告给了国家文物局。我的这个意见，被国家文物局采纳了。我知道这事已晚了一些，肯定给文物保护造成了难以知晓的损失，但当我知道情况后，不讲情面地把意见提了出来，被国家文物局采纳后，还是为这批文物的保护起了一些作用。

这就是我和我的家乡发现的三批简牍的文缘。我自感我这个人很走运，能碰上这么多文物保护的事。除说说我和家乡的文缘外，讲这几个故事的目的，还想说明搞考古的不但要科学地发掘好遗存，科学地整理好发掘所采集的资料及信息，编写出版好考古报告，以搭建一个学术研究、讨论的公开、公正的平台，还得做好文物保护工作，其实考古发掘、室内整理及出版报告，也是另一形态的文物保护工作。保护文物，就是保护文脉的传承，这岂不重要！

二、我对这个简帛研究国际学术研讨会的一些认识

我讲讲对这简帛研究国际学术研讨会的一些认识。要我作闭幕词，有关方面追求的目的，主要还是为了这个。讲这个，得实事求是，说老实话。我除参加了开幕式，在主席台坐坐外，就是出席这个会议了，一头一尾，中间只在会议上吃吃饭，在会议安排的房间里睡个觉外，就是被曹凛拉着看看考古工地。我原来以为仅是开个纪念会，茶话一下，搞个开幕式、闭幕式，请一些人坐上主席台，吆喝吆喝一下，唱个赞歌，你好我也好，彼此表扬，互致感谢，会议没安排我担当什么角色，只要我在主席台坐坐，这令我高兴。但开幕式上营造的氛围，使我感到和我的预计有相当的出入，使我为之一振，真是要来点学术研究吗？！这个讲话，是临时给我安排的。为了这个讲话，我得做些准备工作。一是找了李鄂权问问会议的情况，二是把会议发的材料翻了翻，认真琢磨了那个提交会议的论著目录，心态出现了大的震动，才认识到这次会议的学术内涵匪浅，且既深又广，我从这里看到了一个吴史研究的新境界。我现在对这个会议的认识，与我原先对这个会议的预估相比，实出现了大的变化。

在这个会上，我听到罗新、邬文玲和王素三位对这次会

议所作的总结发言。这三位同志，在学术上都有相当的功名，学问做得扎实，三人的总结发言，是拿事实说话，总结中肯，讲得比较客观，没有那些假、大、空套话，我完全同意。其实有了这三位的总结，也就用不着我发言了。既然派了我作这个角色，也不能辜负了会议组织者的期望，也得讲点体会。

我认为这是一个学术品质优良、实现了实事求是的学风和朴实无华的文风，以及严肃认真、齐放争鸣、学术自由的会风的高端的学术研讨会。我之所以提出这样地对会议的认识，是因为看到一些学者提交的论文和听到三位学者的总结，确实没有套话、空话、假话和大话，既没有传统的教条主义，又没有新进口的洋教条，所提出的问题基本上是扎进到材料中去，对材料进行了较系统的研究，才提出来的。问题的求证，也靠材料说话，提出的论点，均以材料作为凭据，做到了让材料牵着鼻子走，靠材料说话，替材料说话，做到了“有一份材料说一分话”，不少论著，还把材料说活了。说这个会议实现了严肃认真、齐放争鸣及学术自由的会风，是说参加这个会议的国内外朋友都认真地参加这个会议，把精力与时间都投入了这个会议，学术无禁忌，实现了齐放争鸣、自由讨论，这个会议对任何学术问题，既未搞学术专制、设定框框，又未搞什么民主制，以“多数”决定是非，也没有做个什么结论。学术的“结论”永远在学者自己的认识，永远在未来。学术的研究，终究是探索真理。学术的求真，只能愈益接近，永远不能达到，学无止境，搞学问，永远处在探索之中。

这次长沙简帛研究国际学术研讨会，除故宫博物院这一学术事业单位作为主办方外，另两个主办单位，就是湖南省文化厅和长沙市人民政府这两个政府机构。我一见到这样的两个政府机构，尤其是一提政府机构就想到是否要把这个会议办成“文化搭台，经济演戏”的会议呢？“文化搭台，经济演戏”是文化部20世纪80年代晚期推行的文化政策。当时，它一出台，我就持反对意见，说“文化搭台，经济演戏”的文化，是附庸于经济的文化，这还是文化吗？！其中的经济，也就是庙会经济，庙会经济加庙会文化，中国早就有了，也没有搞出个现代化，现在再拿它出来，哪能搞经济建设，何能搞文化建设！前七八年，我在广州的一次发言中，还说“文化搭台，经济演戏”的文化，是娼妓文化，修改成发表的文字时，写得文明了一点，将它称之为“媚态文化”。这“文化搭台，经济演戏”早就不提了，可是，其阴魂不散，至今还有不少政府搞的文化建设，还是不离这个谱，所以文化建设搞不起来，经济建设也起不来，政绩归了零，是吹破了的牛皮。走马楼发现吴简以后，省人民政府有关部门和长沙市人民政府，在国家文物局指导与支持下，搞好了文物保护，组织专门班子，整理、研究吴简，搞好吴简的出版。至今吴简已出版了七部，成立了长沙简牍博物馆，汇集了国内外、境内外吴史和简牍研究精英来共同研读吴简，还召开了三次学术研讨会，盘活了形式单一、内涵艰深难懂、可观性很差的简牍，实现了深入浅出，办出了展览，推出了讲座，把简牍送到了市民乃至少年儿童的生活中，丰富了他们的文化生活，增进了人们的品位，传承了传统文化，提高了民族的文化品质。这就将文化置于其应有的独立位置，是实实在在的富有成果的文化建设，是有关部门的重大政绩，我们要为他们的举措点赞。在座的专家学者定会见到，也会比我看得更清楚，由于走马楼的发现，跟随着吴简一本一本整理出版，我们随之见到了更多以往文献所没有的吴史史料。随着史料内涵的增多，吴史的史学研究也就加深了、拓宽了。拓宽的，主要是吴的社会、经济、文化和国家行政方面的内涵，从而从整体上提升和加深了吴史的研究，这从本次会议提交的论文和会议讨论、研讨中也反映出来了。所以，这次学术研讨会，是一次推进了对吴国及其相关的社会、经济、文化和国家行政管理研究的学术研讨会。

三、希望我的家乡成为简牍的强市、强省

学术研究是现代博物馆的灵魂。前面罗新教授总结的讲话中说，长沙简牍博物馆现在已经不仅是一个保存、保管、展示走马楼简牍的、面向大众的博物馆，学术研究已经有了很好的起步，他还说出了在学术研究方面做出了一些成绩的长沙简牍博物馆好几位研究人员的名字。我听了他的这段话，为之一振！我的家乡已是简牍的大省、大市，希望她成为强省、强市，是我这次回家乡的心愿。昨天晚上准备这个讲话时，

还问李鄂权长沙简牍博物馆向这次学术研讨会提交了几篇什么样的论文，他从会议汇总的论著目录中，划出了六七篇，我看了一下，感到很兴奋！所谓简牍大省、大市是指简牍收藏的数量和品质，强省、强市是指自身的研究能力，以及贡献的研究成果的学术水平。从简牍大省、大市发展为强省、强市，其间需走过包含着巨大质变的艰难而较长的过程。所谓巨大质变，是指人才的变化。人的研究能力的变化，是人才变化的重大标志，能否创新，和创出何等数量及什么样品质的新，是衡量人的研究能力的天平。具有这样能力的人才的出现与成长，一靠高人指点；二靠环境；三，也是更重要的，是靠自己的努力。拿长沙简牍博物馆来看，是已有了科研团队，已经有好的领头人和强的组织者，但学术带头人的学术水准还不那么强，还得外单位高人来指点，我还希望学术上继续得到王素、罗新以及其他这样的高人来指点。再说环境，从长沙简牍博物馆来看，也有自己的优势，这优势就是掌握了材料。为了使自己的人才先成长起来，就先不公布资料，将大门封闭起来，将国家的资料，变为单位的资料，又将单位的资料，变成个人的资料，把材料垄断在手，先研究研究，公布资料嘛，等研究好了再说。这叫缺德，叫以权谋私。我搞学术研究，至少过了 60 年，还没有见到过用这样的办法，谋到了学术的“私”，成了学术的大家。学术大家，是在学术公开、公平、公正的齐放、争鸣的自由环境中涌现出来的。同样的高人指点，同样的学术环境，只有那些把从事的学问当成事业，具有高尚的职业操守，自己的脑袋长在自己的肩膀上，能自主、自由思考的自强不息的人，才能为学术做出重要的贡献，才可能成为学术大家。学界多一个强手，多一分竞争力量，学术的发展，靠公开、公正的竞争，竞争力量愈多愈强，更能出大家，这对学术的发展是有好处的。所以，我们搞学术研究的人，希望学术事业发展起来的人，自然应对学界强手的增加持欢迎态度。成为强手之后，我仍希望我的家乡的学者，持谦虚、谨慎态度，公平、公正对人，把单位和整个国家这一学术事业的关系处理好，在发展本单位事业的同时，也注意帮助后来者，并努力推进全国简牍研究这一事业的发展。总之，我盼望家乡实现由简牍的大省、大市向简牍的强省、强市的转变。

我们的学术研讨会是个成功的大会，是个推进了学术研究的大会，是个胜利的大会，现在闭幕了！我感谢与会同人的参与，朋友们辛苦了，祝返途一路顺风、愉快。也借这个机会，向大会的工作人员和宾馆的服务人员，道声谢意！

（据杨芬提供的录音记录整理稿，于 2017 年 3 月 15 日改为此稿，小石桥。原载于《长沙简帛研究国际学术研讨会论文集》，中西书局，2017 年）

在中华玉文化中心第五届年会开幕式上的讲话

参加今天会议的朋友，已经参观过了中华玉文化中心为这次年会举办的展览，也都知道了这次年会讨论的主题，从这两个方面的内涵来看，我相信大家已经感到中华玉文化中心的学术追求，同以往历届学术活动的内涵相比，已进入到了一个新的时刻。我们怎么走进这个新的时刻？这是我首先应向大家，尤其是需向中华玉文化中心理事会报告的一件事。

早在两年前的中华玉文化中心第四届年会期间，我邀请了一些理事开了一个小会，就中华玉文化中心今后学术活动的方向征求意见。会议进行得较为热烈，我听了之后，一是感到意见纷呈，二是认为任何一种意见，是否有可行性，是否可以操作，这两方面我均没有把握，所以我没有做出结论。请大家会后再想想，有什么新的意见，望向我说说。第四届年会闭幕之后，我立即开始摸摸玉器的发现与研究情况，杨晶告诉我，湖北这些年的玉器的发现与研究还不错。我觉得她这个意见有些道理，便找了湖北省文物局局长黎朝斌，和湖北省博物馆馆长方勤和副馆长孟华平商量，请他们支持，与中华玉文化中心合作，今后六年在良渚博物院推出战国、春秋和西周时期三次展览，并举办与此相关的学术研讨会。我的这一建议，他们满口答应，之后，我将这事通报了吴立炜，他也满口应承，并依我的建议和湖北省相关部门签订了协议。这就是办成这事的经过。

令人惊喜的是，在这次会上，方勤馆长又报告了他们在史前时代的石家河遗址的新发现。这个新发现，刷新了长江中游史前时代玉器的面貌。他的报告震惊了会议。中华玉文化中心对于这一发现，该不该有所作为？如何作为？何时作为？这类事项，这些问题都得听取同人们的意见，才能做出决定。

中华玉文化中心在此以前举办的展览和开展的玉器玉文化学术研讨会，均限于史前时代，从现在开始至今后四五年内，我们的这些活动，转入到了西周和东周这两个历史时期。

西周晚期输入的制铁技术，至东周得到了发展，社会出现了新产业。至此，中国走出了青铜时代，跨入了铁器时代。制铁业挤入传统手工业的结果，一是增加了手工业门类；二是使原来附属于农业的一部分手工业，从农业中分离出来，成为独立的产业；三是为手工业的发展提供了新的技术支撑。手工业被新材料、新技术装备了起来，便得到了纵横发展，同时，将铁工具用于农业，提高了农业生产力，产生了五口之家经营百亩之地的小农经济。不同手工业之间，以及手工业与农业之间的交换，促进了商业的发展。发展的商业，促使各国纷纷铸造用作交换媒介的金属货币的同时，形成了包括巨商大贾在内的具有显赫势力的商人阶层。伴随着这经济领域中出现的生产方式、经济结构和交换方式的变化，社会便出现了社会结构、社会成员构成和人们的社会关系的变易。东周各国因应这经济和社会的变易，纷纷变法改革，其结果便是东周巨变。

中国自农业革命之后的长达万余年的历史中，经历了如下几个大的变革：

一是早在公元前三四千年之际，在中华大地上实现了由原始社会向文明社会的转变，产生出了神权与军权并重的神王之国的国家形态。

二是在公元前两千多年之时，中国进入了青铜时代，发展出军权凌驾于神权之上的能容纳单一考古学文化族群的比较成熟的王国政权（夏王朝）形态。

三是商王朝晚期，青铜时代进入了鼎盛时期。约在这个时期的后期，周人学习商人的先进文化，掌握了商人的文字和青铜冶炼铸造技术，推翻了商王朝，建立了周王朝。周王朝的政权形态，虽同夏商王朝一样，也是王朝王国，但和夏商王朝存在着重大区别，是推行封建政治体制，实行“齐政修教、因俗而治”，改变了夏商王朝只容纳单一考古学文化族群的政权体制，实现了将不同的考古学文化族群纳入了周王朝的管理与统治，开启了多民族国家的先河，从此使中国国家步入了多民族国家管理与统治体制的轨道。

四是上面说的东周巨变。这一巨变是变革了周王朝建立的封建政治体制，至秦确立为皇朝帝国政治体制。“百代皆行秦政制”，至辛亥革命，秦皇朝创立的帝国政治体制，历经兴革修补，延续了两千多年。

五就是辛亥革命。自此，皇朝帝国政治体制退出政治舞台，走上了党治国家道路，简称为党国的政治体制。

这就是中华五千年文明的国家形态，或政治体制走过的和正在走的历程。

东周巨变不仅具有政治体制变革的意义，也表现在文化方面。这文化方面的表现，主要有如下三个方面：

一是“士”的阶层的形成。所说的“士”的阶层，拿现代的话来说，就是智识或被称之为知识分子阶层。

二是在先前的中国文化与文明发展的基础上，因应时代的变易涌现出来地对未来时代的追求，出现了一批伟大的思想家。他们著书立说、齐放、争鸣，使中国的文化与精神文明实现了巨大质变，形成了以孔子和老子思想为核心的华夏文化与精神文明，从此中国文化与精神文明升华到了一个崭新的阶段。这个时代，可以借用德国哲学家雅斯贝尔斯的话，称之为“轴心时代”。中国文化所以延绵不断，就是因为有这样轴心时代呈现出来的具有轴心意义的思想与文化。从整个中国思想史来看，无论是孔子与老子的思想，还是诸子百家的学说，相互之间虽有吸收与借用，但都是原创于中国或中国的原创。从中国这一意义观察，借用梁启超的话来说，直至两汉之际，佛教传入之前的中国可称之为中国之中国，佛教和明朝晚期西方文化传入之后的中国，当分别名之为亚洲的中国和世界之中国。亚洲的中国和世界之中国的时代，国人因应时代的变化，发展出或创立了许多重要思想，推进了中国的发展，但构成这些思想的元素，乃至其中重要的元素，甚至形成这些思想的始原，均非中国本土所出，无不同入境的外来思想相关。

三是与上述“一”“二”密切相关的，东周时期通过非华夏文化谱系的族群(有的已立“国”，如越、楚)和同属华夏文化谱系的族群的不同地域集群(有的已立“国”，如三晋)之间的文化竞逐、碰撞和交流，文化与族群自识日益趋同，最终融合为华夏文化所标示的华夏族。东周各国基于华复族的自识与认同，故建立以华夏族为主体的多民族的统一政权，便成为它们相互征战的追求。

东周的华夏族，至秦，被称为秦人；至汉，被称为汉人；至唐，被称为唐人；近代的他称和自称，均为汉族。华夏族虽经历朝历代的自身发展，尤其是如同黄河在其不同的流段中融入不同支流那样，也在不同时段中融合了其他族群，出现了变化，演变成为汉族，但不能变化的则是华夏族乃是汉族的始源这一历史形成的事实。同时，虽经历朝历代的变异，华夏族是秦人、汉人、唐人和汉族族源中的主源这一事实，也未能变化，可见，华夏文化具有巨大的生命力。正因为春秋形成的华夏族及其文化具有如此强大的生命力，才使中国成为以汉族为主体的多民族国家（不是政权意义的“国家”，是指领土和人民这一意义的国家）、汉文化为主体的中华民族文化和汉族为主体的中华民族，以及汉族为主体的中华民族的国家政权形态一直存在下来。这历史的积淀如此深厚，以致成为当代中国的基本国情。

从以上讲的来看，可知东周时代在产业革命上，是开启了中国铁器时代；在政治体制上，是将王朝王国革新为皇朝帝国的变革时代；在思想与文化上，是思想家著书立说创立中国思想与文化根基的时代；在族群上，是汉族的始源和主源的华夏族的形成时代。在中国长达五千年文明的长河中，东周时代处于承前启后、继往开来的伟大的社会变革的关键地位。

东周玉器，在这巨变的社会中，表述了什么样的文化？这文化在东周的文化总体中，肩负了何种功能，起了什么样的社会作用，占据了什么样的位置？东周玉器与玉文化，在这巨变的社会中，是否出现过变化，出现过什么样的变化？东周玉器与玉文化，作为一个整体，是在什么样的根基上成长起来的，又长出了什么样的枝叶，呈现出什么样的源与流，为何有这样的流变？我的这些问题，是我所以策划九连墩墓地出土玉器展和再过两年将举办熊家冢墓地出土玉器展，以及举办这次学术研讨会的动因，这也是向在座的和未能出席这次学术研讨会的研究玉器与玉文化的朋友求教的问题。我将认真听取在座专家的意见，期望整个东周玉器及其表述的文化的研究，通过自由讨论、齐放争鸣，从这里升华起来。

祝朋友们健康，谢谢！

（这是据黄莉记录整理的讲话稿，于 2016 年 7 月 18 日修改成此文的）

在中华玉文化中心第五届年会闭幕式上的讲话

大家下午好！朋友们这么支持中华玉文化中心举办的学术活动，令人感动，我还得像以往一样，在此表示深切的感谢。在开幕式上，我说过中华玉文化中心今次学术研讨会处在一个转折点上，转折得怎么样？我看这个转折的起步，是相当不错的。为什么这么说，这次学术研讨会有十三篇文章，是讨论东周玉器与玉文化的，另外还有两三篇文章涉及了东周，我认为内容相当丰富，提出的见解均有新意，能发人思考。总之，现在可以说，我们谋求的中华玉文化中心学术活动内涵的转折，已有了一个好的开端。下面，我和朋友们讨论这样两个问题。

一、需将中国玉器与玉文化研究放在中国文化变革之路中进行考察

研究中国玉器与玉文化，应当将玉器与玉文化放在中国文化整体中进行考察。

中国整体文化经历了历史的变迁，故为了将中国玉器与玉文化置于中国文化整体中考察，就需对中国整体文化的变迁有所了解。至少，是大体的把握。同时，要了解甚至大体把握中国整体文化谈何容易，是一件很难做到的学问。怎么办呢？我想能认识中国思想、哲学的变迁，便很可能把握中国整体文化的脉动。因此，我建议研究玉器与玉文化的朋友，能读一些思想或哲学史方面的著作。

我在本届年会开幕式上说过，东周是“创立中国思想与文化根基的时代”，“形成了以孔子和老子思想为核心的华夏文化与精神文明，从此中国文化与精神文明升华到了一个崭新的阶段。这个时代，可以借用德国哲学家雅斯贝尔斯的话，称之为‘轴心时代’”。东周所以能被称之为“轴心时代”，是因为这个时代树立了孔子和老子这两根文化与思想的大柱。所以将东周称之为“轴心时代”，还因为中国的思想与文化，并没有停止在这个时代，在不断地走出着这个时代的思想与文化的同时，涌现出来的或新的形态，或既是新形态又是新质的思想与文化，都同这一时代的思想与文化存在着某种关联。

两汉之际，佛教进入了中国，因应佛教之传入中国，便依据老子的某些思想，尊老子为祖师，中国创立了道教。佛教进入中国初始，先是在社会下层传播，至南北朝时期，挤进中国社会上层，到了唐代，为适应中国水土，吸纳儒、道两家的思想与文化的养分，发展成禅宗。至此，佛教便成为中国的佛教了，成为支撑中国文化与思想大厦的第三根柱子。但中国的儒、释、道的思想与文化之间的碰撞与吸纳没有就此结束。儒家因应佛教发展为禅宗，一是因袭自身传统，二是吸纳释、道两家，尤其是禅宗的思想与文化的一些营养，三是予以融合与创新，到了宋代，便发展为宋明理学。至此，儒释道便成了中国思想与文化的传统。

历史发展到明代晚期，由于欧洲耶稣会以澳门为基地，进入中国内地传教，先是在民间，后闯入社会上层，直至成为皇室的宾客。一是向中国输入了西方科学、技术、思想与文化，二是也将中国的科学、技术、思想与文化传到了欧洲，这就开启了以儒、释、道为一方和以西方思想与文化为一方的碰撞的历程。这历程崎岖、险峻，碰撞发展到兵戎相见，中国人累累败阵，乃至赔款割地，得出的结论是还得向西方学习，从“师夷长技以制夷”及“中学为体，西学为用”，到得出要搞“共和”的结论。至此，儒释道式微，处于“用”的位置了，“共和”成为支撑中国文化与思想大厦的第四根柱子。辛亥革命，推翻了帝制，实现了走进“共和”的条件，但终究未走到“共和”，搞了个党国体制。1949 年，中国人民在中国共产党的领导之下，推翻了国民党建立的党国体制，建立了以马克思主义、毛泽东思想为指导思想，实行中国共产党领导的人民民主专政或曰无产阶级专政的国家。至此，马克思主义、毛泽东思想成为支撑中国文化与思想大厦的第五根柱子。时序虽处第五，但在国家和社会的位置，却和儒家在皇朝帝国国家和社会中那样，成为国家的社会思想与文化的主流，成为国家政治、经济、社会与文化的指导思想，成为国家思想的理论基础。

这就是中国自春秋时代以来已经经历的和正在经历的思想与文化之路。

我所以在这里讲了自己认识的中国自春秋时代以来所走过的和今后还要走的思想与文化的路，如我开头说的那样，是希望朋友们将玉器与玉文化之研究，纳入中国思想与文化研究这一整体学术环境中来。是不是应该这样，请朋友们考虑。

二、如何用考古学方法研究玉器与玉文化

自 20 世纪 80 年代以来，由于考古学对含玉器的遗存的大量发现，从中获得玉器与玉文化信息的数量与质量，已远远超越了人们从传世玉器得到的玉器与文化的信息。所以出现这样的现象，不仅是因为考古学发现玉器数量之多，更重要的原因，是因为相当一部分学者坚持了以考古学方法考察考古学发现的玉器。这是所以能从其研究的玉器中获得的信息，比从以传统的方法研究传世玉器得到的信息的数量更多、质量更高的原因。因此，我们应该继续推进以考古学方法研究考古发现的玉器与玉文化，而且还主张以考古学方法和考古发现的玉器的研究成果，去审视、释读传世玉器与玉文化，

并认为只有这样，才能再焕发出传世玉器与玉文化的青春。

怎样以考古学方法研究考古学发现的玉器，进而深入这玉器所体现出来的社会关系与文化呢？近年来，我想来想去，悟来悟去，才认识到任何涉及史的研究无不存在如下三个学术层次：一是实事；二是求是；三是如太史公讲的“通古今之变”。我在本届年会开幕式上讲了那么一段话，又在这闭幕式上讲了前面说的那些话，目的无非是希望研究玉器与玉文化的朋友能通过玉器与玉文化的“实事”和“求是”的探索，达至那“通古今之变”的学术高峰。这自然是“象牙塔”的研究。没有这“象牙塔”的研究，哪能有玉器与玉文化美轮美奂的学术春天，又怎能保持住这学术的春天！那么，玉器与玉文化的研究，又如何在这“象牙塔”内实现“实事”“求是”和“通古今之变”的探索？下面我就这个问题与朋友们做点讨论。

第一，就玉器与玉文化的研究来讲，所说的“实事”，是要在认识上搞清楚什么是一件玉器，和一件玉器或一件玉器中的各个构件的材质、器型、纹饰、工艺及功能等，以及这玉器处在何种关系或什么样的人文环境之中，这样一些玉器本体固有的文化与社会属性。玉器中的“一件”玉器，既有一件的一件玉器，也有由多件组合成的一件玉器，例如玉佩便是由多类、多件玉器组合成的一件玉器。当人们审视玉佩时，应把玉佩视为是一件玉器，而不能把玉佩的各类构件，看成是一件、一件的玉器，如果有人如是看待玉佩，那么玉佩就会从他的认识中消失，持将玉佩的各类构件视为一件玉器的认识的考古学者，在其视野中就永远发现不了玉佩。自然，当把玉佩视为是“一件”玉器时，也不能忽视对玉佩的各类、各个构件进行仔细认真的考察，同时，也应了解这玉佩是用什么构件组成的，组成为什么样子，怎样组成这个样子，以及为何是这样或那样的造型，其意何在。我想如果对玉佩及其构件应作如是的理解的话，那么，其他器物上的玉饰件、玉构件或玉附件也当作这样的理解。

至于说到要搞清楚那玉器处在何种关系或什么样的人文环境之中这一问题，先得了解这“何种关系”，是指什么关系。这“什么关系”，一般来说，当包含不同类别玉器之间的关系，玉器与他类器物或遗存之间的关系，以及玉器和他类遗存与人之间的关系。而要求索玉器处在什么关系中，就得将玉器放在“具体单位”中进行考察。房屋、作坊、矿井、陶窑、储藏坑、垃圾坑、祭祀坑和墓葬等，都属考古学视为的“具体单位”。所以要放在“具体单位”中进行考察，是出于一个颇为具体的追求，即通过“具体单位”中的遗存的共生，去了解其共生的遗存有哪些遗存，不同材质和同一材质的不同类型的遗存在这“具体单位”中的数量及其数量比例关系，以及各类乃至各个遗存在“具体单位”中所处的空间位置及其所体现的关系，并通过这些数据去认识不同材质遗存之间、同一材质的不同类别的遗存之间、不同材质及同一材质不同类别的遗存与人（如果这“具体单位”中含人的话，例如墓葬）之间的关系。在上面提到的那些“具体单位”中，从至今对这些“单位”所显示的研究的能力与情况，同时就其遗存共生的状态来看，墓葬内的遗存的共生状态，更具典型性。之所以更具典型性，这是因为埋葬死者，乃是生者以视死如生的观念去送别死者进入虚拟世界继续其现实世界的生活。故葬俗、葬仪、葬制乃至墓葬，基本上便成了生者现实世界生活的投影。所以通过墓葬中的遗存与遗存、遗存与死者的共生关系，便能贴近地探知死者现实世界的生活。当然，通过突变（例如火山爆发、地震、洪水等）掩埋的村落、城市、矿场等场所显示的栩栩如生的图景，来研究古人的生活，虽较通过墓葬所探知的认识更贴近历史的真实，但这类场所的考古学的发现，一是太属偶然，过于稀少；二是显示的往往是先人现实生活的片段，故一般通过墓葬的研究来探索死者现实世界生活，便成为考古学研究的基本途径。据此来看，我们欲通过玉器处在何种关系，或什么样的人文环境之中来把握玉器本体固有的文化与社会属性，就得基本上将玉器置于墓葬这一玉器、他类遗存与人这一共生的“具体单位”中，去求索玉器与他类遗存之间，各类别玉器之间，他类遗存中的各类遗存之间以及不同材质、不同类别的遗存与死者之间的关系，去求索玉器本体固有的文化和社会属性。

第二，就玉器与玉文化的研究来说，做了上述“实事”考察之后，就可以对其进行“求是”的探索了。所谓“求是”，是要观察出这玉器与玉文化是否存在着仅是时间的，或仅是空间的，或既是时间又是空间的同与异、关联与关系，以及据此以观察对象，并做出符合其内在逻辑的释读。这就是我经常说的对遗存进行遗存、时、空这三维或遗存、人、时、空这四维关系的观察。这观察的整个过程的关键的关键，是做客观如实的比较。唯其如此，才能对审视对象作出同与异、关联与关系的客观如实的认识，同时，只有在这客观如实的认识的基础上，才能阐释出审视对象所呈现的同与异、关联与关系背后所隐藏的内在逻辑。阐释出这内在逻辑，便达到那“求是”的彼岸了。

要实现此等“求是”的研究，就需要将上述含玉器的“具体单位”置于其共同体，即同一考古学文化墓地内，对共时的同一空间和历时的不同空间的“具体单位”的同与异、关联与关系，进行仔细认真的考察，从中识别出这些“具体单位”的同与异、关联与关系所体现出来的一些现象。对这些识别出来的“现象”的认识是否精确到位，取决于对那些“具体单位”的同与异、关联与关系的审视是否精确到位。对那些“具体单位”的同与异、关联与关系的认识是否精确到位，则取决于如下两点：一是对所观察的遗存，或即玉器的形态分类与功能是否已精确到位；二是观察所凭据的人、遗存、时、空或遗存、时、空的框架是否精确到位。一般好的考古报告，应正确地确立好层位学的和类型学的人、遗存、时、空或遗存、时、空这两个时空框架，如果我们的研究遇到的是这样的考古报告，自然应以这报告所确立的时空框架作为基础去进行其后续的研究。但是，现今发表的相当数量的考古报告，都未能达到这一水准。如果我们的研究遇到了这样的考古报告，则需对其发表的资料进行清理和整理，确立正确的层位学和类型学，或以层位学、类型学的时空框架，夯实这一基础，再在这一基础上做出其后续的观察与审视。这样的分析与研究，就是我平常说的：将器物放在“具体单位”，又将这“具体单位”置于“具体遗址(墓地)”中进行分析与研究的途径或方法。把“具体单位”放在“具体遗址(墓地)”进行考察的“求是”，就是将考察“具体遗址(墓地)”所见到的诸“具体单位”之间的同与异、关联与关系体现出来的诸现象的自在逻辑关系，变成研究者认识的逻辑。衡量研究者认识的逻辑正误的标准，是看它是否能解释通诸“具体单位”之间的同与异、关联与关系体现出来的诸现象所呈现出来的各个矛盾。通俗一点说，这给出来的一个说法，就得释通或摆平这“诸现象”呈现出来的所有问题。至此，这一研究还只能认为是取得了阶段性或局部性的认识成果。

要获得较为“完整的”认识，还需将“具体遗址(墓地)”放在它所属的考古学文化已发现的所有遗址(墓地)中进行考察，即放在它所属的考古学文化中做出一番认真的审视，以求证、补充、修正乃至完善从“具体遗址(墓地)”的研究中得出的认识。这就是我常说的将“具体遗址(墓地)”放在它所属的考古学文化进行的考察。

这一研究的途径与方法，就是让材料牵着鼻子走，从四维或三维去观察研究对象，通过比较，去发现研究对象之间的同与异、关联与关系所体现出来的诸现象的自在逻辑关系，将这客观的自在逻辑关系转化为研究者主观的逻辑认识。这就能实现以物论史，透物见人，替死人说话，把死人说活的追求。我著作的《良渚文化墓地与其表述的文明社会》《齐家文化的研究》所遵循的分析和研究的途径与方法，便是这里所说的将器物放在单位中，单位放在遗址(墓地)中和遗址(墓地)放在所属考古学文化中进行研究的途径与方法。研究的途径与方法，不是从天上掉下来的，而是从研究的实践中产生出来的，或者应该这样说，我这里说到的这一研究途径与方法，是从我的《良渚文化墓地与其表述的文明社会》《齐家文化的研究》这些著作的研究实践中概括出来的。我所以讲了这些，还是怕我没能在这里将这一研究的途径与方法说清楚，故将《良渚文化墓地与其表述的文明社会》《齐家文化的研究》等拙作介绍出来，或为了更清楚明白这一研究途径与方法，或为了明白这一研究的途径与方法的实践，请朋友们不妨看看我的这些拙著。

认识没有穷期。至此，获得的认识，是否正确，正确的程度怎样，还得受新的考古发现所检验。认识的完善是谈不上的，要达到完善的认识，是个无穷的过程，因为人们只能走近历史的真实，而不能走到历史的真实。

第三，我们所以要搭建中华玉文化中心这样一个来集合朋友们研究玉器与玉文化的平台，是基于“经济全球化”格局下，试图摸索出“中国文化怎么办”的策略。在我看来，要找到这样的策略，就必须将玉器与玉文化“求是”的研究升华到“通古今之变”的境界。故“通古今之变”，不仅是玉器与玉文化研究的学术水准的追求，而且也是实现中华玉文化中心宗旨的要求。可是，我们的玉器与玉文化的研究，迄今仍基本上停留在“实事”的阶段，作“求是”研究的学者与论著很少。总之，距“通古今之变”的研究意境，还存在着距离。怎么办？欲速则不达！急不得，还得慢慢来。太史公的“通古今之变”，我理解就是知文化、社会和国家(政权)形态这三者或其中之一，或其中的任何二者的史之兴替的发展或演变的规律。

玉器与玉文化的研究欲达到这样的境界，或可借鉴我的通过空三足器的演变而得知的考古学文化和考古学文化之文化的演变规律。在20世纪与21世纪之交的前后三五年，我先后发表了《黄河流域空三足器的兴起》《客省庄与三里桥文化的单把鬲及其相关问题》和《杏花文化的侧装双鋬手陶鬲》三篇计约15万字的论著，指出约当泉护二期文化时期，居于颍水上游禹州市的秦王寨文化居民(谷水河遗址三期)，吸收了西夏侯期大汶口文化陶鬶这一文化因素，产生了空三足器概念。随后，秦王寨文化居民以这陶鬶的空三足器概念，将传承下来的釜形鼎改造成釜形斝，导致其考古学文化之文化的大变，秦王寨文化居民便从秦王寨文化发展到了荆村文化(即以往称为的庙底沟二期文化)阶段。荆村文化形成之时，向西越过函谷关和潼关，沿着渭河河谷发展，将约自华县以东的陕、晋、豫交界地带的泉护二期文化居民或其后裔挤到渭河河谷的南北两厢，荆村文化进至武功浒西庄遗址H33时期之后，便以釜形斝之空三足的概念将传承下来的联体的单把罐形釜灶（案板遗址H20：43）改造成为灵台桥村H4：91和H4：32那样的宽弧形裆单把鬲，造成考古学文化之文化之大变。至此，约自华县以西的荆村文化居民，进入了客省庄文化的发展阶段。此后，居住在晋中地区的泉护二期文化这一文化谱系的一支系的居民，发展到太谷白燕遗址F2及F4时期，吸收了荆村文化釜形斝空三足器概念，将其传承下来的与灶配套的折沿陶釜，改造成与荆村文化的文化谱系相区别、形态又不同的折沿釜形斝。随后，以白燕遗址F2及F4遗存为代表的文化居民又以这折沿釜形斝的空三足的概念，改造了传承下来的双鋬手连体釜灶，使之成为侧装双鋬手宽弧形裆陶鬲（杏花村遗址H118：7）。同时，又创制了单把宽弧裆陶鬲（杏花村遗址H118：10），随之，呈现出考古学文化之文化大变，使之走出了传统，步上了杏花文化之发展旅程。这股空三足器革命浪潮继续向前推进！当杏花文化走到了它的宽平裆鬲阶段，我们看到约自洛阳盆地以西的陕、晋、豫邻近地区形成了以陶斝和侧装双鋬手宽弧裆陶鬲为核心的陶器组合的东关文化。东关文化吸收了客省庄文化的单把尖角裆陶鬲，转变为三里桥文化。东关文化的陶斝形态多样，Ⅰ H198：11这样形式的陶斝是这文化的主流形态。这类陶斝的形态和荆村文化的主流形态的陶斝不同，当不是传承荆村文化陶斝演变的产物，从它的上部的陶釜来看，颇像泉护二期文化的陶釜。泉护二期文化的陶釜，当是它的祖源。故可认为是泉护二期文化的后裔，受到了荆村文化陶斝概念的启发，将陶釜改造成陶斝，制成了形态和荆村文化不同的另一文化谱系的陶斝。接着，掌握这一陶斝的考古学文化居民，又模仿陶斝将具有自己特色的联体釜灶革新为侧装双錾手宽弧裆陶鬲，这样，便将自己的考古学文化推进到了东关文化发展阶段。

这就是我通过以空三足器演变为主导，观察到的黄河流域史前不同文化谱系的考古学文化，和同一考古学文化中的不同考古学文化谱系的文化因素的碰撞、吸收、融合，实现的考古学文化的文化与考古学文化推陈出新的波浪汹涌的旅程，我称之为黄河流域空三足器革命！同时，我从这一革命中看到文化的传承、吸收、融合、创新乃是推进这一文化革命的演进规律。玉器与玉文化是否可以作这样的研究？玉文化的演进是否存在着规律？如果有规律，那规律是什么？我发现这一考古学文化的文化与考古学文化的演进规律之后，就我的知识，粗略地审视了某些其他文化，发现这考古学文化演进规律，具有相当普遍的适应性。在当前经济全球化的格局下，中国或中华文化怎么办？我想办法只有一个，就是遵循“传承、吸收、融合、创新”这一文化的演进规律，以之作为战略，走文化杂交的路，这样便能实现全球文化的“美美与共，不同而和”。如是看来，释读出考古学文化之文化与考古学文化之演进规律，便可将考古学文化之文化的研究，推至太史公说的“通古今之变”的境界。这样来说，已自感相当狂妄了！但扪心自问，我到了这样的年龄，实不需自吹自擂，所以说了这些，目的只有一个，仅是为了推进玉器与玉文化的研究，其他就管不了那些了！玉器与玉文化研究闯进“通古今之变”，是我唯一的、赤诚的、热切的希望。

祝朋友们返程一路顺风，谢谢！

（这是据黄莉记录整理的讲话稿，于 2016 年 8 月 17 日改成此文的）

为丝路申遗鼓与呼

近读贵报自6月16日至20日的系列报道《丝路遗珍·丝路精神》，觉得十分出色，突显了中央级“文化大报”的特质。

这组报道安排在世界遗产大会开幕前夕，及时、适时地引发公众对丝绸之路的再次关注，同时也是为丝路申遗最后一搏的鼓与呼。

丝绸之路不仅是贸易之路、交流之路，而且正是由于它，中国才完成了“中国的中国—亚洲的中国—世界的中国”的发展历程。

早在史前时代，黄河流域的马厂文化居民就与西域居民有了直接交流，在输出黄河流域经济与文化成就的同时，也从西域传入了种植大麦、小麦和驯马的技术。此后，通往西域的交流之路一直没有中断。但直到秦帝国，中国仍然只是中国的中国。

张骞凿通西域，使中国成为亚洲的中国。当时世界上能与西汉帝国匹对的仅是罗马帝国。及至唐帝国，在东亚形成唐文化圈的同时，在丝路沿线设都护府管理，其西虽存在着阿拉伯和拜占庭这两大强国，但忌惮唐的强大，不敢向东扩张，使中国站稳了亚洲的中国这一地位。

作为标志性的商品，丝织品在丝绸之路中的地位无可替代。我国迟至秦代已几乎能生产出所有的传统丝织品种，还发明了世界上最早的提花机，马王堆出土的西汉早期的丝绸衣服，显示出了在世界独领风骚的丝绸制作工艺，令人惊叹仰止。到了唐代，又将汉代的织、绣、印、染等丝绸制作工艺提升到了新的水平。除此之外，还有茶的种植和制茶工艺，以及造纸技术的发明与发展等。这些手工业制品成为沟通中西经济交流的“丝绸之路”上的珍品，成为吸引各国使者和商人来中国的动力，中国成了当时世界经济交流的中心，为亚洲的中国走向世界的中国提供了条件。

系列报道《丝路遗珍·丝路精神》，在结构上既有提纲挈领的开篇，也有后续具体遗产点的介绍；在内容上，既有历史知识的普及，也有当下文物保护的举措；在视角上，既有政府层面的宏观理念，也有普通百姓的细微情怀。如此安排，将遗产与公众、政府与公众连接起来，对于引导民众正确认识遗产价值、理解申遗目的，起到了十分积极的作用。同时也有利于提升读者的文化品位，激发公众保护文物的积极性。

总之，贵报这组丝绸之路的报道，较为准确地向读者传达了丝路的重要意义，更为重要的是与最新的国家政策相关联，将申遗提升到共建丝路经济带的高度，彰显了一张中央级“文化大报”的品格与眼界。

作为忠实读者，我注意到近十年来，贵报在文化遗产领域的报道日益精彩，从考古发现，到遗产保护，还有博物馆发展，现在又拓展至农业遗产、记忆遗产等，好报道、好文章、好言论、好版面不时看到，令人欣喜。希望你们能将这种势头继续下去，牢牢守住宣传文化遗产的领军地位，始终高举科学保护的媒体大旗。

（原载于《光明日报》2014 年 6 月 28 日）

在《中国陶鬲谱系研究》首发式上的发言稿

要我讲话，讲什么？讲讲我此时的心情吧！我此时的心情，颇为复杂，大致可用内疚、尴尬、感谢和愉悦来表达，同时，令我更高兴的是：最近我在陶鬲研究这苦作舟的无涯的学海中的远方，又看到了一点星光。

为什么感到内疚？中国陶鬲谱系研究的规划，本来是我提出的，并经故宫博物院批准，本应由我主导来完成这一规划，但我失约了。在此情况下，陈雍和杨晶跳将出来，邀合其他同人，完成了我弃之的规划，我赞佩他们勇挑重担的同时，深感内疚。

为什么会有尴尬之感？一是杨晶这些作者拿着我不能完成而由他们来完成的科研项目来祝贺我 80 岁生日，这就让我感到尴尬啦！不仅如此，二是还将我主导的或由我写的那 8 篇关于鬲谱的文字，作为上篇，加上他们写的 13 篇大作，作为下篇，合为《中国陶鬲谱系研究》作为祝贺我 80 岁生日的文集，这不是让我拿我自己写的文字给我自己祝贺生日吗？这又使我添加了尴尬！

我为什么油然而生了感谢之情？我跳出内疚与尴尬之后，看到的是他们在实实在在地做事啊！我感谢他们在我乏力的时候，勇敢地站出来，肩担起了我不能完成的任务。我也感谢他们在胜利地完成任务之后，还将我以往写的那几篇文字和他们写的著作合在一起，以此视为我和他们共同完成了那个中国陶鬲谱系研究的规划。我记得在吉林大学田野考古工地，唱得最响的口号是：我们是一个战壕中的战友。现在我们离开吉林大学二三十年了，我们还是同一个战壕中的战友。请大家记住，这个战壕，不是哪个单位，指的是事业；这个事业，一是考古，二是文物保护，总之是文博考古事业把我们联结在一起，使我们团结起来。

我所以愉悦，是因为我收到这个《中国陶鬲谱系研究》，并将其中的他们写的13篇大作，粗粗地翻阅了一下，产生的认识是这样两点：一是这些著作涉及的研究资料的收集，均较为全面，至今主要的资料均无缺漏；二是通过研究均提出了自己的认识。更重要的是这十三篇著作构成了一个整体，即《中国陶鬲谱系研究》。这一研究规模巨大，具有系统性和体系性，是第一部系统研究鬲谱与其相关的考古学文化纵横关系的论文集，是陶鬲研究史上的集大成之作。这部著作的面世，为以往的陶鬲与其谱系的研究，划了个句号，同时，也使陶鬲的谱系研究因这一著作的出版，而获得了新的起点。

但是，令我更为兴奋的却是，最近我在陶鬲研究领域这一苦作舟的无涯的学海的远方，又看到了一点星光。“学海无涯苦作舟”这句话，道出了学术的特征与性质：学术研究，既无此岸，又无彼岸，是无涯的海洋，在这海洋中游弋，只能以苦作舟，苦海还是无涯的，学术的人生，是无涯的苦海啊！当我们这个学术团队在这陶鬲研究的无涯的学海中握住了一点星光的时候，我又发现这“苦作舟”的前方，还有一点更灿烂的星光，这时我内心掀起的喜悦、兴奋，实难以自已！同时我又想到，我年已八十了，既然我不能和我们这个学术团队一起去握住他们抓住的那点星光，我又岂能和我的朋友们去抓住这前方的星光哩！但我并不因此感到苦恼！因为我虽然做不了演员，甚至也当不了导演，但是，我可以做一个最初的策划人。“霁翔院长，你能不能再给我们一点支持，让我充当去捕捉前方星光的一位最初策划人呢？”我在陶鬲研究这无涯的海洋中位于《中国陶鬲谱系研究》这点星光的远方，发现的另一点更加灿烂的星光，是我最近和朋友们，尤其是同许伟交谈的热点。这交谈激荡着我们的心灵，使我们产生了新的喜悦与兴奋，这更令人陶醉，朋友们，这“苦作舟”中还有这么点快乐啊，人生能有此享受，就足够了！

（2014 年 8 月 3 日下午于小石桥）

《困顿与开拓——一个国家文物局局长的自述》读后

——在该书出版发行座谈会上的发言

张德勤著的《困顿与开拓——一个国家文物局局长的自述》，记述了他任国家文物局局长期间所经历的一些重要事件，要了解 1988~1996 年我国文物事业的进程和发展，这是一本必读的书。该书我初步地但是较认真地读过一遍，认为德勤将这本著作名之为“困顿与开拓”，贴近他担任八年国家文物局局长的经历，他确实是从困顿走向开拓的。

由于难以言说的原因，这本著作对“困顿”写的不那么清晰。他“困顿”的是什么？一是“两重两利”这一条文物工作的路线或方针；二是某些领导人要求他贯彻“以文物养文物”的主张；三是从计划经济向市场经济转型过程中的文物事业应如何进行管理。怎样立足于文物事业的实践和站在文物保护与利用这一关系所体现的文物自在规律的立场上，坚定地从“一”“二”这两个局面中走出来，直面从计划经济向市场经济转型过程中，如何加强文物的管理，这是德勤面临的“困顿”。而从这一“困顿”中走上文物工作的正确道路，便是他在这一著作中所说的“开拓”。

文物工作属文化建设范畴，是文化建设的基础工作，同时又是直面广大群众的工作。保护与利用，如何处理这两者的关系，是文物工作的基本内涵。李铁映于1995年在西安召开的第二次全国文物工作会议上提出“有效保护、合理利用、加强管理”十二字指导原则中的“加强管理”，是针对“有效保护、合理利用”而言的。我在以往写的文章中对什么是“保护”的“有效”和“利用”的“合理”谈过一些认识。这里我要重点地重申的是：这“利用”的“合理”，其中最重要就当包含“保护”的“有效”，离开了“保护”“有效”，就谈不上“利用”的“合理”，只有有效的保护，利用才能持续发展。所以，文物的“利用”，应受文物的“保护”所检验、所制约，并需坐实在“保护”的“有效”上。

这本著作对“开拓”叙述得清清楚楚、明明白白。所谓“开拓”，我认为最主要且占据着中心位置的是这样的两件事。一是时任中共中央政治局委员、常委、书记处书记，主管党的思想意识形态工作的李瑞环同志，于1992年8月5日在西安召开的全国文物工作会议上提出的“保护为主、抢救第一”这一文物工作的“八字方针”；二是国务院分管文物工作的中共中央政治局委员、国务委员李铁映同志，于1995年在西安召开的第二次全国文物工作会议上提出的“有效保护、合理利用、加强管理”的“十二字指导原则”。同时，李铁映在提出这“十二字指导原则”之后，紧接着又提出了包括“县级以上人民政府应当将文物保护事业纳入本级国民经济和社会发展规划，所需经费列入本级财政预算”的“五纳入”。这“八字方针”和“十二字指导原则”及“五纳入”的提出，在张德勤主持国家文物局期间所做的工作中，具有提纲挈领的意义，标志着中华人民共和国文物事业走出了“两重两利”这一文物工作方针，摆脱了“以文物养文物”的阴影，正确地回答了经济转型过程中应怎样加强文物事业管理的方针、原则与途径诸问题，从而为新时期的文物事业开拓出了新的局面。故经李岚清整合，成为“保护为主、抢救第一、合理利用、加强管理”的“十六字方针”，载入了2002年颁布的新的《中华人民共和国文物保护法》总则第四条，而“五纳入”也经整合载入这《中华人民共和国文物保护法》总则第十条。据我的理解，前者是2002年颁布的《中华人民共和国文物保护法》的灵魂，后者则是实践《中华人民共和国文物保护法》的基本途径与保证。

这“八字方针”与“十二字指导原则”及“五纳入”的提出，是基于当时文物工作所处的时势，更是李瑞环和李铁映两同志的睿智。所谓时势，其中就包括其时文物工作者自发或自觉形成的氛围与舆论；这里说的这两同志的睿智，自然也含时任国家文物局局长的张德勤的工作和进言，所以这“八字方针”与“十二字指导原则”及“五纳入”的提出，就含有德勤同志所做出的贡献。《困顿与开拓》这书中的“开拓”，我认为应主要是指这“八字方针”与“十二字指导原则”及“五纳入”。这“八字方针”与“十二字指导原则”及“五纳入”的确定与实践，推动了文物事业的发展，开拓出了文物工作的新局面。张德勤同志也在这文物事业中做出了与时俱进的应有的奉献。

（2014年11月9日18时成稿于小石桥，11月18日于北大红楼发言）

看了《良渚文化刻画符号》之后

——《良渚文化刻画符号》出版座谈会上的发言

我没有研究过古文字，是古文字学的门外汉，所以就在故宫博物院找了两位研究古文字的专家，尤其是刘雨先生，介绍他们来参加这次会议。我既然来了，也得说点话，给会议助兴。下面的发言，是我看到了《良渚文化刻画符号》这一著作后，所萌发出来的几点认识：

这本《良渚文化刻画符号》，是张炳火同志为良渚文化的研究做出的新贡献。作为良渚遗址管委会的主任，张炳火同志在良渚遗址申遗、良渚遗址博物院的建设方面，做出了很大的贡献。同时，他在良渚文化的学术研究上也有成就。

他在《东南文化》和《中国文物报》两个刊物发表过两篇文章。第二篇文章的发表，是在良渚古城发现和确认以后，我原本认为良渚古城的发现与确认，杭州市会欢呼，浙江省将雀跃，因为这是杭州和浙江大喜事，也是全国的一件大喜事，可是我们杭州和浙江却发出一片喊打声，说这是陕西的虎来了。就有好多人找到我，要我反攻，要如何如何，我说不要理他，他去讲他的，我到良渚古城发掘现场看了，严文明以及好多的考古学者也到发掘现场看了，良渚古城城墙上有属良渚文化第四期的一口井，还有一个灰坑，都打破了这个城墙，这座城墙不会晚过良渚文化四期，板上钉钉，没有问题。为了发现良渚古城城墙，那一年我跑了五趟，争论干什么，不去争论不是争论的问题。你愈不理他，他愈觉得你理亏，攻击得越来越厉害。张炳火在读书中发现一个问题和我讲，我说："那你就写一篇文章吧，我帮你推荐到《中国文物报》发表。"他就写了，我就把他的文章送到《中国文物报》发表了。这下一发表，那些反对的声音就都没有了。

一、这本书表述的是什么，是文字？

是图画？是符号？我看目前都做不了结论。是什么？就是个谜。中国在陶器上有"文字"、有"图画"或者有"符号"的现象，最早引起注意的便是半坡文化，学术界对它进行过讨论，曾是一时的热门话题。我在上海人民出版社出版的《中国通史》第二卷还专门讨论了这个问题。那个时候的谜到现在没有解开。我们说中国史前考古文化有五大文化谱系，一个是长江中下游的环太湖的马家浜—崧泽—良渚这个谱系文化，一个是西拉木伦河的谱系文化，一个是黄河下游的谱系文化，一个是黄河中上游的谱系文化，再一个是长江中游的谱系文化。这五大文化谱系里面的一些陶器的上面都有这些刻画“符号”“图画”或“文字”，唯独我们这个地方搞出一本书，还印制的这么好，把这个谜集中起来变为一个平台。这本书编制得很有科学性，每一项资料都有一个名称，即器物出土时的编号，这个“文字”，或这个“符号”，或这个“图画”在陶器、石器、玉器的哪一个部位，也都说得清清楚楚。这件事情太重要了。你以后看报告也好，找资料也好，或影印这本书的资料也好，你提某某陶器，就可以从考古报告中找到它，而且能知道它出自哪个单位，在这个单位中处于什么位置。这就便于我们将它纳入单位，将其所在单位纳入遗址或墓地，以及将这遗址和墓地纳入其所属考古学文化进行研究。这本书的编辑也有自己的意见。陶文按照象形符号、抽象符号和其他符号这三大系统分类，但又不下结论，体现了客观性。书的后面还有一个索引，索引也高明，按遗址、按墓地来把这些资料归类。这本书是一专题资料的汇编，从编辑来说，充分体现了科学性。

二、关于这本书出版的意义

出版这本书的意义是把一个谜搭成一个舞台。这个舞台的价值在于：凡是对这个问题有兴趣的人都可以来这个舞台上跳舞，来唱歌，来表演。把材料做科学性的集中，结束了过去要这里找材料那里找材料的历史。虽然这本书不一定汇集了所有的资料，但是已经汇集了不少，要说一定是很全，咱们不敢说，但是基本上是比较全的，达到了这个时代的水平，构建了一个求解这个谜的平台，这是第一层意义。

第二层意义，是这本书是实现文物保护的一个举措。相对于考古报告来说，这本书刊布的资料可分为三类：一是见于考古报告已发表者；二是未见于已发表的考古报告者，这本书将之发表，则填补了考古报告之不足；三是尚未出版考古报告者。由于这本书刊布了这些资料，则促使考古报告的编写者将这些资料纳入他将要写的考古报告之中。将考古发现的资料刊布出来，是另外一种形态的文物保护。刘雨同志告诉我，宋代金石学研究青铜器，刊布出来的青铜器有七八百件，保存至今者，仅有一两百件，其他六七百件找不到踪迹了。这给我们留下极大的遗憾！但使我们稍感欣慰者，是我们还能从著录这些青铜器的金石学著作中见到这些青铜器的若干信息。因此，我说文物的刊布是保护文物的一种工具。同时，由于这本书将这些已见于考古报告或未见于考古报告的资料刊布出来，也将促进收藏这些资料的单位加强对这些资料的保管与保护。

第三层意义，是这本书的发表，为良渚古城遗址申遗增添了一个助力。良渚遗址要不要申遗？我说良渚遗址当然要申遗。为什么要申遗？良渚遗址的年代是公元前三千二三百年到公元前二千六七百年。这个年代，是在龙山时代之前，相当于半坡四期文化和泉护二期文化，或相当于大汶口文化的花厅期和大汶口文化的西夏侯期，或相当于甘青地区的马家窑文化和半山文化时期。其前段相当于红山文化的晚期，即半坡四期红山文化时期；其后段则相当于长江下游的屈家岭文化。陶鬶形态的变异，是区分良渚文化为前、后段的标志。良渚文化的前段，使用的陶鬶均为实足鬶；良渚文化的后段，出现了空足鬶。从目前的考古发现和研究来看，如果我们要谈中华五千年文明，只有良渚文化的良渚遗址能拿出来，其次可以拿出来的是红山文化晚期的牛河梁遗址。我虽然也认为半坡四期文化、泉护二期文化、花厅期大汶口文化、西夏侯期大汶口文化、屈家岭文化和马家窑文化及半山文化已跨入了文明门槛，或可能已进入文明的历史阶段，但这些考古学文化，至今仍未有像良渚城址和牛河梁石冢群这样独具文明标志的遗存。至于周原、殷墟、二里冈和二里头虽至为重要，但其年代均大大晚于五千年，均不是中华文明肇始的标志。在我国的世界遗产名录中，没有一处遗址能说明我们具有五千年的文明，这是个大事。所以良渚遗址的申遗，不仅是余杭的事，不仅是杭州市的事，也不仅是浙江的事，是全国的事。我们要通过申遗，向世界宣示，中华存在着五千年文明，例证就是良渚文化良渚城址。所以我说良渚城址应该拿去申遗。这本书的出版又是我们正在积极谋划良渚城址申遗的一个助力。

三、我们怎么去求解这个谜

今天这个会有一点使我感到很兴奋，即有的同志说这个谜不应该从甲骨文这个角度去解读它，或者说不仅仅应该从这个角度去解读它。我赞成不应该仅仅从甲骨文这一角度去释读它。原因很简单，中国文化是多谱系的，良渚文化显然不属商或周那个考古学文化谱系，它们文化谱系不一样，当然他们也是有关系的。既然中国文化是多元的，怎么拿一个谱系的研究成果去解析另外一个谱系的文化现象？我们也可以去解析，因为它们有交流，它们是“一体”的，但不应该只是这么一个解读办法。应该怎么办？今天有些朋友提出了一些意见，有的说应从功能去解读它，我主张不只是从某一角度，而是从这些文字，或者说这些符号或图画存在的整体环境各个方面去解读它，例如它在什么陶器上？什么陶器的什么部位上？这陶器存在于哪样的遗址或墓地之中？又和什么具体遗存相联系？处于这些遗存的哪一部位？什么样的“符号”“图画”或“文字”和什么样的具体环境相联系？什么样的“符号”“图画”或“文字”和什么样的陶器相联系？等等。

总之，“环境”是一个内涵广泛的概念，研究的具体途径，则是在分类与聚类的基础上，与具体的“环境”联系起来，做具体的考察与分析。这就是猜谜，东猜猜，西猜猜，到猜对了，考察与分析则进入了一个新的阶段。到了一个新的阶段，又出现新的谜。“学海无涯苦作舟”，搞学问是件苦事，又是件乐事。做学问的人，是精神贵族，他感受的苦与乐，只有他自己能体会到，别人是感悟不到的。“学海无涯”，苦也好，乐也好，均无彼岸，相伴的是无涯的学海。猜出这个谜，或许需要几年，或许需要几十年，或许需要上百年。苦与乐，尤其是苦，始终相随。为了早一点猜出这个谜，就得搞“百花齐放”和“百家争鸣”。专制主义和少数服从多数的民主制，均不能实现“百花齐放”和“百家争鸣”，只有自由主义才能呈现“百花齐放”和“百家争鸣”。因此，我主张自由发表意见、自由讨论和自由争鸣的自由主义。在这个猜谜的过程中，张炳火组织了人力，把谜都集中在一本书里，方便了大家，为大家做出了贡献，我们感谢张炳火同志。我们也提倡能实现“百花齐放、百家争鸣”的自由主义来猜这个谜。

（本文据录音整理稿修改而成，刊发时略有删节，曾刊《中国文物报》2015 年 9 月 25 日）

在《中国陶瓷史》编纂工作会议上的讲话

各位朋友，我到你们这个地方来，我应该是个外行，我懂一点陶器，不懂瓷器，陶器在这里显然不是重要地位。宿白先生让我来，我就来；让我当考古学会的会长，我就干，我干了五年，累得够呛，每年开大会，一个大会还有几个小会，干完之后，文物出版社张自成社长来找我，只好再来干。第一我不是专家，不能像徐苹芳先生那样，把一些问题搞得很仔细，说得很清楚，我没有这个分量，我只能跟大家一起商量，把这个事情推向前进，这就是拉鸭子上架、献丑。现在有些人找我写序，我一听我就恼火，我根本不懂这个行业，这个不能干。但是宿白先生寄予厚望，需要有一个人联系各位专家，要为各位专家服务，我就做好联系、服务工作；同时我也按照我们通过的规划，做些催促工作；到了时间交稿子，给我一个面子，我就做这三件事，别的我不揽。谷艳雪给我准备发言稿子，一共是六点。第一点：编写新版陶瓷史的重要性；第二点：重新编写工作的思路。这两个问题，徐苹芳先生都讲过（现在发给大家的每人都有一份），我在这里基本不重复。我们这里的工作只是在停顿之后继续往前走，既不是开新店，也不是重打锣鼓新开张，是停顿了一段、休息了一段、睡了一觉，第二天醒来再往前走，一切按照以往既定方针办，我拿不出新主意。在座的各位搞陶瓷史，你们既能搞发掘，又能写报告，还能写论文，这不用我讲。

我也讲两点：一是重要性。第一，瓷器在中国历史文化中的位置，这个位置就产生了中国的位置，在历史上，这是一个重要性。第二个重要性，现在提“一带一路”，它的文化、历史的根点、基础就是古今接轨、古为今用，这个阵地我们不能去搞花里胡哨的，但是我们确实要为这个事情做点工作。为丝绸之路、陶瓷之路说个明、道个白，首先要为中国瓷器的发展说个明，道个白。第三，这是考古学家不可推卸的责任。在宋代，陶瓷不纳入金石学；明代，陶瓷可能处于大家注意、欣赏一下的地位；到了清末，就纳入金石学的研究，但是这个金石学和传统金石学不同。最近，我看了纪录片《甲午》，有五集，知道当年不是那么闭关锁国，当时的人包括李鸿章、左宗棠，不得了，现在很难找到这样的人物，有那样的慷慨之气，但是他们基本的路子是错误的。所以说，近代史被歪曲得一塌糊涂，现在要澄清一些。考古学在清末的时候，实际上这个时候的金石学已经是从外国传来的考古学，例如，王国维、罗振玉他们就不是纯粹的金石学家。罗振玉写过《殷墟古器物图录》，他就知道这是殷墟；王国维写过《殷卜辞中所见先公先王考》，他知道甲骨出在殷墟，他就是知道那是殷墟，而八年发掘不是发现殷墟，而是用考古学的方法证实了殷墟，王国维作为当时的金石学家，具有相当的考古学素养。(考古学的发展)是这样一个转变过程。谈到瓷器，20世纪30年代，陈万里搞这个越窑的调查；到了20世纪60年代才搞考古发掘，那时的发掘只是挖个窑，至于生产、工艺过程等都不搞；到了20世纪90年代，不让我当院长，文物局让我哪个地方有文物保护、有什么事去看一下。我比较早去了景德镇，他们在景德镇保护窑包，窑包不是窑，窑不保护，但是保护窑包。20世纪70年代后期到现在，陶瓷考古大兴旺、大发展，我们现在有很多论文、著作、新发现、见解，但是任何行当，都要一本基本的、反映目前研究成就的综合性的有相当学术研究水平的书，但是(陶瓷考古目前)没有，没有一本像样的考古学的陶瓷研究占领它该占领的地方。这个事情，我作为一个外行、一个考古学家感觉难以忍受，我相信在座的搞瓷器的考古学家比我感受更为强烈，要用一本著作占领这个阵地，现在我觉得是时候了。第一，有2005年宿白先生开了这个会，做了这个事情。第二，宿白先生一召唤，大家都过来了。但是由于种种原因，我们从2008~2010年，处于半停顿状态；2010~2015年处于停顿状态。这个问题的原因，那就是徐苹芳先生去世，宿白先生年老了，有心无力，再加上其他的原因，没有把这个工作做下来。所以现在，宿白先生一直关心这个事情，他让我做点工作，做点服务工作。说实话，我是拉鸭子上架，有愧，但是我只想做点服务工作，把大家连接起来，去攻克这个堡垒，做出我们应该做的事情，这是我讲的第一方面的内容。

第二方面，重新编写的工作思路。这个编写工作的思路我没有新的，咱们更多的是继续，还是在宿白先生整个学术思想的指导下来进行工作。我说一点，任何一个学派，只引自己的一种思想是行不通的。这是我的老师苏秉琦先生告诉我的：一个学派消亡的根本原因，就是不允许不同意见的自由争论；一个学派想要兴旺发达，想要延续，那就要提倡有不同学术讨论的自由。我们集合起来，不是按照学派，不是宿白先生这个学派，是来自五湖四海的。但是一本书，它有大致的一条线。凡是言之有据的，不同的意见都可以保留。不提倡舶来本，但是要言之有据。这个是集体著作，章节负责人文责自负。整体体例、大体思路，要按照大家共识的路往前走，不然不能成为一本书。

第二，徐苹芳先生说要按照手工业来写，我觉得这个很重要，不是按照就瓷器本身写瓷器，从采集瓷土、成型瓷器，到流通、使用，这么一个过程的流程，这样一个处处联结的交换、生产关系。比如说，在生产过程中间，怎么组织生产，它既是生产力又是生产关系。人类社会是怎么发展的，人家说靠阶级斗争，可是却回答不了没有阶级斗争，资本怎么发展，未来的生产经济，消灭了三大差别，没有了阶级，你说还要靠阶级斗争？毛泽东讲得很科学，资产阶级三大改造完成后，那还存在政治、思想上的阶级斗争，还存在着与走资本主义当权派的斗争。那就是与天斗、与地斗、与人斗，其乐无穷。那实际上，就是靠发明、发现，将发明、发现转化为生产力。要实现转化为生产力，就要形成一定的生产关系，生产关系有当时的生产力关系、流通关系、使用中的关系，是这么一个运转的过程，这个过程像动物一样的，狩猎和采集，马克思、恩格斯叫作掠夺经济，然后发明了种植农业，又形成一份产业，叫作生产经济了。在这个之前或之后，发明了制造陶器、磨光石器、盖房屋，后来发现冶金、冶铁，后来冶金、冶铁之后，陶瓷方面还继续发展，又有漆器，到了战国秦汉，漆器成为一个很不得了的产业。不同的产业要形成关系，这在马克思叫作生产关系，就是这样进步的。后来又有瓷器、火药、印刷品，现在不断增进新的行当，这个社会就是这么发展的，人类按照这样不停地发明、发现，形成新的生产力，新的行当，进行了分工，分工就产生分化，产生不同的地位，继而再产生分化，在流通中也要处于不同的地位，又要分化。在这阶段，出现矛盾、斗争，怎么解决？两条路线，第一个是七斗八斗，都打个稀巴烂，你不让我合作，我也不让你好合作；第二个咱们坐下来谈判，买卖双方相互协调，我们两个一起合作起来。所以，农民和地主，井田制一直长期存在，土改以后，不存在了，土改之后，形成自由人。我又提出一点，瓷器在我们社会结构中极为重要，瓷器的生产、发展史，瓷器的生产方式的发展史，瓷器这样一个生产方式跟当时社会其他生产方式，它怎么交往、发展？

我赞成按照手工业板块写。就从中国历史，大体来说明我们研究瓷器，搞得很好，这是从整个中国两千多年历史（如果从陶器开始算，则是一万多年历史）的一个侧面，把完整的手工产业链，搞得清清楚楚。我前两年，开了一个冶金考古的会议，心潮来了。搞陶瓷考古的王光尧跟我联系得多一些，像官窑，关于搞产业链的研究，我在冶金考古的会上讲了一半，我把这段念一下，如果大家感兴趣，可以去看这本《铜绿山古铜矿遗址考古发现与研究》。

第一个希望就是我在《铜绿山古铜矿遗址考古发现与研究》一书中“序一”说的那样，即从现在铜器成分的测定、铸造技术及工艺、功能、分区、考古学文化分期，以及矿冶遗址、铸造遗址及其墓葬与墓地的调查、勘探与发掘的基础上，走向青铜产业的研究。青铜产业不仅存在于青铜时代，也存在于其后的铁器时代。这两个时代都存在青铜产业。在青铜时代之前，还有一个金石并用时代。在这一时代中，虽然不存在青铜时代那样的青铜产业，却存在制铜产业。青铜产业是从制铜产业中演进出来的。青铜产业如同一个链条，可称之为青铜产业链。

青铜产业链十分庞杂，不是几句话能讲明白的。简单说来，它基本上至少应包括采矿、冶炼、铸造和进入到使用时的社会配置这几个社会流程的环节，还有采矿、冶炼、铸造环节中的技术、技术流程与分工，以及由分工产生的组织、管理及其制度。同时，这流程的诸环节，也是分工。连接这流程中的诸环节所存在的社会协调，这社会协调中所存在的社会组织、分工、管理与制度，这青铜产业链诸环节及共同存在的行为规则与信仰，以及这产业链历时的演变及其在共时诸产业中的位置及与共时的诸产业的关系，当也是释读这青铜产业链的自在之义。当将我们的研究迈进青铜器使用的社会配置领域时，又碰到另一个广阔的时空领域。这时空领域之所以广阔，是因为它既包括生产领域，又包括社会中人的关系、社会组织与社会制度在内的社会领域和社会伦理、社会意识及社会信仰。探讨这一广阔的时空领域的基础之基础，则是青铜器的功能之研究。这就是我提出青铜产业链研究的内涵，其内涵涉及技术层面、生产、流通、使用及其所衍生出来的分工、管理、组织制度、意识与信仰等方面的内容。这当然是一个需要长期努力才能实现的目标。但我相信，通过一代又一代学者的既有理念追求又能脚踏实地的艰苦努力，我们的后代学者终能实现这一理想。现在，我希望湖北省的考古工作者能以铜绿山和随州几处墓地的田野考古与研究为契机和切入口，为我国考古学起个示范作用，怀抱这青铜产业链研究的理想，严谨认真、务实求真地开展铜绿山和随州几处墓地的系统研究，向青铜产业链研究迈出一大步。

我就是这么一个意思，大致与徐苹芳先生说的按手工业去写是一致的。这是一个庞大的问题，可以说是我们尽力追求的目标，但又是我们很难达到的目标，我们是一步一步地达到这个目标。我们要求大家，从这个视角去看陶瓷史，从这个视角写陶瓷史，写出自己的最高水平，把目前的发现都囊括其中，完全达到我说的。中国考古学还要走几十年、上百年。我觉得：第一，我们把材料都囊括进来；第二，写出我们的最高水平。从手工业史作为看问题的角度，最好落实到这个地方，落实到什么程度，看个人的修养。我当年做学生的时候，苏秉琦、翦伯赞50岁出头，你们都是50岁出头，不到60岁的人，咱们应该抓紧机会，表现一下，55岁到70岁，是学术的第二个春天。我们有事业心的人，55岁到75岁还可以工作，到了75岁后就困难了，现在我81岁了，就只能写一些考古学、文物保护的文章，珍惜这最好的时光，把它抓紧。我到美国讲学的时候，61岁还不到，70多到台湾讲学的时候，腰部发麻，压迫腿部的神经，现在的挪步跟苏公差不多了。

第三，编写体例。我的意见是都不动，还是原来的，绪论2万字；第一章新石器时代，10万字；第二章夏商周，8万字，多一点就多一点，这是大致规划；第三章秦汉，8万字；第四章三国两晋南北朝，5万字；第五章隋唐五代，15万字。第二章到第五章，作为第二分册。第六章两宋，30万字；第七章辽金西夏大理，5万字；第八章元代，5万字。第六章至第八章为第三分册，40万字。第九章明代，10万字；第十章清代，10 万字；第十一章中国古代瓷器的外销及技术交流，10 万字。第九章到第十一章以及附录、索引为第四分册，30 万字。各分了多少章节，以及文字的分派已经做了分工。在座的，基本上都来了，除了有些人有各种原因不能参加、坐在一起调整。人员分工是这样，绪论是由我来编写，那我是外行，找几个行家一起讨论，包括大家都要给我出出主意。第一章新石器时代：张忠培、李水城、栾丰实、朱延平、李伊萍；第二章夏商周时期：刘绪；第三章秦汉：杨哲峰；第四章三国两晋南北朝：韦正；第五章隋唐五代：秦大树、孟原召、王小蒙、黄晓枫；第六章两宋：孙新民、秦大树、沈岳明、栗建安、陈克伦、杜正贤；第七章辽金西夏大理：彭善国、秦大树、孙新民；第八章元代：孙新民、秦大树、陈克伦、沈岳明、栗建安；第九章明代：陆明华；第十章清代：王光尧；第十一章中国古代瓷器的外销及技术交流：秦大树。既然请来了，就不会另眼相看，只会高看。

第四，组织方式。本书实行主编负责制，所谓主编负责就是宿白先生负责，再加一条分卷层层制以及到撰写人，主编领导下的分层负责制，构成了主编负责制。主编还是宿白，副主编是徐苹芳，编委会召集人张忠培，编委（按姓氏笔画排序）：王小蒙、王光尧、韦正、权奎山、朱延平、刘绪、刘兰华、刘新园、关强、孙新民、杜正贤、李水城、李伊萍、李德金、杨哲峰、谷艳雪、沈岳明、张广然、张自成、张忠培、陆明华、陈克伦、杭侃、孟原召、徐苹芳、秦大树、栾丰实、黄晓枫、宿白、彭善国、蔡敏。这里面在座的差不多都有了，还有去世的，还有的由于某种原因不能参加工作了，但是过去参加工作了，我们都列入编委中，这样尊重他们以往的劳动。我们不是重打锣鼓新开张，是工作的继续，组成主编领导下的分层负责制。第二，成立一个秘书组，负责联络、催稿，提醒大家什么时候交稿子，组长就是我，副组长张自成、杭侃、张广然，秘书是蔡敏、谷艳雪、王光尧。秘书组负责服务、联络工作，就是立交桥的警察、路灯。我既是秘书组的组长，又是编委会的召集人，我们为了方便工作，层层负责，各卷制定一些召集人，第一卷的召集人：张忠培、刘绪、李水城；第二卷的召集人：秦大树、杨哲峰、韦正；第三卷的召集人：秦大树、孙新民、陈克伦、沈岳明、栗建安；第四卷的召集人：王光尧、陆明华，这就是召集人。以后我们工作的日程安排、总体目标：考虑我们的工作已经有相当雄厚的基础，有的稿子已经作为定稿交上来，2010 年停摆后，2015 年要大部分修改，材料加到 2015 年年底为止。整体目标，我们 2016 年 9 月 1 日前交到出版社，要“齐、清、定”。2016 年 3 月 31 日 (包括 31 日)，各位作者将完成稿交给各卷的召集人。2016 年 6 月，各卷的召集人将统好的稿件交到秘书组，2016 年 9 月 1 日前秘书组将“齐、清、定”的稿子交给出版社。就是这样的日程，按照这样一个日程催促大家交稿。怎么实现宿白先生的主编呢？那就是在一定的时候，各卷的稿子由各卷的召集人收齐之后，你们看完以后，统一开开会，看看需要问哪些问题，全书编排的有什么问题，统一交换一下意见，怎么处置，交给秘书组以后，秘书组找个专家，让他看看，提出修改意见。你现在找宿白先生，他已经93岁了，担心让他累啊，我都不敢到宿白先生那里去。资料的截止工作到2015年底，但是重要的材料不能丢。

至于现在的新闻媒体这么发达，网络的资料，哪些该引用，哪些资料不该引用，这些权利都交给作者，你认为资料可靠，你就引证，你认为不可靠，就不引证。不太公开的，例如北京大学的《古代文明研究通讯》，你该不该用，你自己斟酌，应该能解决。目前媒体，我搞不清楚，这个媒体，那个网站。总之，我把我的正能量发挥到至高的地位，从手工业产业链这个角度观察问题，落实这个问题，这本书应该是代表我们中国考古学界去占领我们应该占领的阵地，这个阵地的占领不但具有中国考古学的重要意义，在世界上也有重要意义，为目前习近平总书记提出的“一带一路”倡议做历史文化的铺垫，因为这个题目，多要点钱，补充补充力量。我讲的就是这些。

（2015年7月）

关于故宫博物院科研学术发展的几个问题

一、“故宫应该研究什么”——关于研究对象的问题

这个问题关涉故宫博物院的定性和求索方向，即“办成具有什么样特色的博物馆”。故宫的研究应从本身的资源出发，大致可以归为三个部分：一是古建筑。二是明清两朝（以清为主）作为国家行政、宫廷生活的场所等留下来的文物，以及由此发展出的文化，可称之为“宫廷文物”与“宫廷文化”。三是故宫藏品，首先是明清两代皇帝的收藏，品类上有字、画、瓷器、青铜器等，年代上既有明、清的，也有历代的（包括史前）；其次是故宫博物院建立之后的收藏。总体来说，在故宫做科研，应从这三个基本方面出发。

故宫的性质是“皇宫”，是当时的政治中心，居于核心地位。明、清两朝是中国两千年封建王朝的尾声，是帝国体制发展的最高阶段和终结篇章，也是帝国文明的核心部分。

因此，故宫的研究仅仅抓住这三点基础还不够，还要从宏观的中国文明的角度、国家政权产生的角度进行延伸，探索发展的脉络。故宫的学术要放在这样的大背景下开展。

第一，古建筑。故宫的古建筑与格局，以及建筑细部的时代发展、演变过程等，构成了一部宫廷建筑史。建筑格局是制度的体现，格局的变化体现着制度的变化。同时，不仅要研究故宫现有的建筑，还要包括历朝历代宫廷建筑的历史演变，建构一部“中国宫廷建筑发展史”。故宫要在这一领域占有一席之地。

第二，宫廷文物与宫廷文化。包括大到行使国家政权、宗教信仰，小到宫廷礼仪、服饰等级、日常起居等，在明、清两朝的基础上向上求索，探讨发展变化的脉络。

第三，历代皇家收藏以及故宫博物院建院后的收藏。这部分包括青铜器、瓷器、玉器、书法、绘画等，反映了中国文化与文明的发展历程。这个部分的研究可以分为两方面：一是文物本体研究，包括材质、断代等。二是文物的再生文化研究，即文物的收藏与流传史：它们是怎么进入故宫的，皇帝怎么看的；由此反映了皇帝的品鉴和宫廷文化（在此基础上，郑欣淼同志提出故宫学的理念。我尚未表示赞同。能不能提升到故宫学另论，但传世文物进入故宫的过程，以及这个过程中产生的再生文化的问题，的确是值得好好研究的）。

这三个部分的研究内容都可以溯源，时代上从远古至清，且都是中国文化与文明史的组成部分。在这三个部分的本体研究的基础上上下求索，进而延伸到对中国文化与文明研究的大视野中。

二、“故宫的研究应有哪些特色”——从故宫博物院的三大职能说起

故宫博物院有三个使命或者说是三大职能，即学术研究、保管保护、展览展示。

首先，对文物有两个作用：保管和保护，这也是研究的一方面。用自然科学的方法研究文物有两个职能：一是认知，包括文物的材质、工艺等；二是保护性研究，即如何保护得好而不损坏。对于故宫来说，应当居于主要地位的是保护性研究。但是目前存在缺陷，偏重于认知文物的研究，而不是属于保护研究。当然，认知是保护研究的前提，但重点不应在此，而应在保存与保护上。其次，任何研究都不能抓“全”，将科学技术应用于文物研究也是如此，要抓重点。认知与保护，应偏重保护。文物的种类又可分为有机的（如木质、丝织品）和无机的（如石质、金属、泥），研究方法上可以运用物理的、化学的、生物的方法。在面对不同的研究对象和方法时，要发挥故宫自身的优势和特色，尽自己专长，不能贪大求全。要主抓有特殊效应的，别的地方做不出来的研究。同时应有重点特色和优势，其他方面可与外界合作，取长补

短。再次，故宫的学术研究既是微观的，又是宏观的，要处理好两者之间的关系。我们既要立足于微观，手中有典型；又要着眼于宏观，心中有全局。不能坐在紫禁城里看紫禁城，而是要跳出来，站在一定高度来看。例如：在故宫做青铜器研究，与考古学上的青铜器研究有差异。我们可以借鉴考古学的方法与成果，但绝不能被考古牵着鼻子走，要着眼于文物的流传和再生文化的研究，这是我们的特色。

三、展览展示是学术研究提高前提下的普及

前面所说的本体研究三大部分是故宫学术的灵魂。在故宫的三大职能中，学术研究是支撑，是前提。只有认知、保管和保护研究，才有展览。展览可谓是在研究基础上、提高前提下的普及。故宫展览这些年搞得不错，有不少成绩，引进了不少展览，但总体上来说还是缺乏研究。下一步要摆脱“摆文物”的框框，跳出“蒙太奇”的形式，不要让观众看得若隐若现、不明不白。

故宫的展览包括三个部分：

一是以体现宫廷典章制度和皇帝皇权为核心的原状陈列，进而体现中国的文化与文明。包括三大殿、朝房及卤簿仪仗陈列等。

二是历代文化艺术展览，体现中国文明发展进程的展览。以此为大背景，再看故宫的核心展览应该是什么，定位是什

么，辅助性的展示手段有什么。

三是专题展览，包括引入国内外的展览。引入展览的标准应该是高规格的，内容上要与中国文化与文明进程的核心问题相关。要为我所用，从故宫的定性出发，考虑引入什么样的展览，进而衬托故宫，让大家更了解故宫。

另外，故宫古建筑本身就是展览，参观故宫包括看建筑，建筑本身就是展览。过去在神武门上有故宫的微缩模型展，从建筑格局上讲，如果有历代宫廷序列的展示，效果就更好了。说到底，展览是学术研究提高前提下的普及。用展览的方式去感化观众，实现博物馆提升民众文化素质的功用。

四、科研规划的导向性

平安故宫是基础，解决的是故宫保管文物首要面临的问题，可以说是硬件层面；而学术研究是软件问题，解决的是保护文物的发展问题。因此，故宫需要科研规划，需要软件的提升。科研规划分为基础部分和研究部分。基础是清点文物、发表目录。从文物清点入手，摸清家底，包括一系列基础工作，如做卡片、文物目录建设和系统的资料发表等。科研首先要抓基础建设，以此为基石进行研究。科研规划的目的之一就是要充分调动研究人员的自主性，为其创造自由思考的大环境，突破条条框框；通过奖励、提供资金、带课题专职研究、为论文发表提供条件等形式，进行鼓励和引导。

而这个部分是无法规划的，只能引导和提倡研究方向。我们要尊重研究的多样性，让研究人员“八仙过海，各显神通”。不能给研究人员带“紧箍咒”，但要有任务，要做事。科研规划的着重点是机制的创建，关键点是人才的引进和引导。至于怎么去研究，具体研究什么内容，都无法指定，只能规划方向。说到这里，不得不提到科研人员的引进问题，这一关一定要把住，要注重基本素质。进入故宫后，对研究人员职称评审的标准要严，否则大家就都没有努力的动力了。职称评审也包括软件和硬件，硬件就是工作任务，软件就是科学研究，最终应该是两者的结合。硬件就是具体的工作任务，包括保管文物的水平、做什么展览等，这个标准要制订好，这是前提。软件则是靠专家来定夺，院里依靠学术委员会来指导科研工作，来把关。还有就是目前学术委员会的组成问题，有一部分是部门的行政负责人。如此一来，就成了各部门利益的权衡，部门之间也容易相互攀比。合理来说，学术委员会既要有本院的，也要适当吸纳院外的。本院成员要注意学术独立性应以科研学术水平作为唯一标准；不一定是部门负责人，如果是的话，也要实行角色的转变，不能代表本部门的利益，而应代表故宫的学术水平。按照故宫的学术类别，配备不同的专家，院内外结合，构成一个 20 人以内规模的学术委员会，讲求公平公正和学术道德。应该说，科研规划和课题指南都是在学术理念上的引导，是方向性的指导意见，目的是创造学术研究的环境和条件。但是，研究是探索的过程，探索是没有尽头的，也是无法预见结果的。

对于科研课题和项目，立项评审把关要严。申请人在报课题之前，要有相当的预研究作为基础。不能是材料都没搞明白，研究目的也不清楚，就报上课题。做课题的过程中可以补充材料，但课题不是为了寻找材料，而是要解决研究问题。期间还要加强跟踪监管，课题经费决不能沦为参观考察经费。我们要倡导不为评职称写文章，不为参加会议写文章，坚守学术道德和学术兴趣。

五、故宫的考古工作应该怎样做?

故宫的考古工作可以侧重于以下几点：

第一，研究文明的溯源和发展，抓住中国文明最核心的传承部分，如玉文明、瓷器文明等，不求面面俱到。

第二，注重宏观的层面，对于中国文物考古的动态和发展路径有所研究，由此引导它的发展方向。

第三，要培养自己的核心队伍，不宜太多，要有专业擅长；退休人员中择其善者返聘，抓课题，抓方针政策和学科的发展方向。单院长同时担任中国文物学会的会长，故宫要对相关学术的发展提供支撑和建议，例如如何保护帝王陵寝等议题都应有故宫专家的一席之地。

（2013 年 5 月 30 日）

在“故宫博物院十一项科研与出版项目新闻发布会”上的讲话

今天是2月25日。2月22日是“故宫博物院十一项科研与出版项目新闻发布会”的前三天，当天傍晚，余辉给我送来了故宫研究院十一项科研与出版项目新闻发布会相关材料，其中议程一项写着“故宫研究院名誉院长张忠培先生讲话”。我对他说：“能不能不讲话呢？！”他的回答是：“这是单、郑两位院长的意思，议程上已经写了，不讲不好，您还是讲讲吧！”我只得硬着头皮答应了。

讲什么呢？我想来想去，我要说的是：打从故宫博物院成立以来，历届故宫博物院领导班子及故宫博物院全体同人做的、追求实现的一个梦，是什么梦？是平安、强大的故宫博物院的梦。需要指出的是，由于不同时期存在着不同的人文环境，故处于不同时期的历届领导班子和故宫博物院全体同人，梦中的追求和措施，就有所不同。但总体来说，则离不开“平安”和“强大”四字。单霁翔履任院长以来，先是抓了“平安”二字，接着于2013年起，又抓了“强大”两字。这样，他就将平安、强大故宫博物院这个梦推到了一个新的阶段。

什么是“平安”？“平安”是故宫博物院的生命线。其内涵是宫廷建筑及所有院藏文物和观众，都得实现平安。宫廷建筑及所有院藏文物安安全全实现保存、保护与保管，做到万无一失，延年益寿，力争做到永葆青春。什么谓之强大？故宫博物院占地 72 万平方米，一座基本完整的明清皇宫，186 万件文物，不仅于中国只此一家，于世界也无二者，这都是祖宗留给我们的，值不得吹。我们要追求的是“强”。在什么地方争“强”？我们应该在科学研究方面争强。为什么科学研究方面强了，故宫博物院就强了哩？因为科学研究是故宫博物院的灵魂，是办好故宫博物院的基础。只有科学研究搞好了，故宫博物院文物的自然腐蚀程度，才能降到最低，或者可以避免；只有科学研究搞好了，故宫博物院的文物，才能得到切合文物本体的认知，使其焕发青春，实现古今接轨和古为今用，转换为新的生命；只有科学研究搞好了，故宫博物院才能推出优质的成果和深入浅出、引人入胜、陶冶人们心情、提高人们素质的优质的展览。最后，科研强，是人强的表现，人强了，故宫博物院还有什么不强？人们说科研强，只能说明科研人员能力强，否！没有强有力的行政领导，没有强有力的行政服务支撑，能出强势的科研人员吗？

提出新课题、掌握发言权和产生出导航学科发展方向的新认识，是科研强的标志。故宫博物院涉及的学科广大，故要搞强故宫博物院科研，只能一步步、一个个领域地去占领涉及故宫博物院的科研领域，在这些方面，使我们逐步地具有提出新课题、掌握发言权和产生出导航学科发展方向的新认识。在此，我也当实事求是地指出，即使到了故宫博物院科研能力最强的时候，故宫博物院的科研人员也不能实现全面占领与故宫相关学科的所有科研高地。因此，我认为我们故宫人应心怀坦荡，努力实现吸引院外人士参与故宫博物院的科研工作。同时，也需指出的是，凡故宫的文物，均属国家所有，所以故宫博物院的领导班子只是受国家的委托维护和行使这个国家所有权及其相关的权利。这是故宫博物院领导班子，尤其是其法人的职责。职责在身，当仁不让。凡利用故宫文物作科研的人员，只有受故宫博物院法人委托的对文物的部分使用权，更与所有权沾不上边。因此，如何根据相关的国家版权法，确保故宫博物院国家文物的版权与著作权，便成为故宫博物院法人的一项重大职责。

做强故宫博物院科研意味着什么，除了上面讲的提出新课题、掌握发言权和产生出导航学科发展方向的新认识这三项根本标志外，是否还有其他标志？我看基本上没有，如果有，也是次要的，例如说，有人说我们应在博物界出头，我认为我们这样大的故宫博物院，不出头，当是我们的羞耻；有人说，我们应在文博考古界与故宫博物院相关领域中出头，这还可以说得过去；有人说，我们应在与故宫博物院相关的人文社会科学领域中出头，我认为这应当成为我们奋斗的目标。提出新课题、掌握发言权和产生导航学科发展方向的新认识，是故宫博物院实现科研强的标志；在与故宫博物院相关的人文社会科学领域中出头，是故宫博物院实现科研强的界标；实现古今接轨、古为今用和化传统文化为文化传统，是故宫博物院实现科研强的根本追求。

建设一个强大的故宫博物院的新的征途开始了，今天召开的这个新闻发布会，是向建设一个强大的故宫博物院的新的征途迈出的第一步。

（写于2014年2月23日，2014年2月25日在“故宫博物院十一项科研与出版项目新闻发布会”上的发言提纲）

故宫人放心我也放心

1987 年 6 月 20 日，我受命担任了故宫博物院院长。

我上岗不久，发现故宫是个不完整的故宫。故宫内，除故宫博物院外，还有 14 个单位占据了故宫。此外，故宫的文物，除民国政府运往台湾的以外，境内就有两个单位占着故宫近 20 万件文物。我认为故宫的不完整，对于我们这样一个大国来说，是很不体面的。在任期间为了故宫成为完整的故宫，我使尽吃奶之力，有些收获，但收效甚微。深感遗憾的是，至今的故宫仍不是完整的故宫。

我不迷信，但认为我这个院长很不走运。上任不到两个月，就遭遇了两次小偷一把火。小偷被抓着了，火被灭了，却烧毁了一座明代的景阳宫。这事使我大为震撼，认识到“安全是故宫的生命线”，是故宫博物院一切工作的前提。为了保住这一生命线，我做出了不少决定，也做了不少事。故在任期间，再也没有出现危及故宫安全的任何事故了。

故宫所有一切都已成为历史。为了使历史不仅是历史，则需使之古今接轨，古为今用，化传统文化为文化传统。为此，就得加强学术研究，并在提高学术水平的前提下，竭力做好服务大众的工作，使之品位与素质得以提升。可见，学术研究是故宫发展的驱动力，服务大众是办好故宫博物院的方向。为学术的故宫和大众的故宫，我做了诸如引进人才、发挥潜力和制订七年规划，等等之事。

在全院职工鼎助之下，我终于明白自己要承担的院长职责是：实现故宫的、完整的、安全的、学术的和大众的故宫博物院。为实现这五大追求，就得分解权与利，培植和激活竞争机制，按部门、按岗位划分职责。我们以此为目标，制订了规章制度，实现从传统的管理体制向现代化管理体制的转型。

俱往矣！长江后浪推前浪，世上新人超旧人。我从院长岗位上退下来已经 26 年了。这 26 年来，换了几任院领导，都为故宫博物院的建设增添了砖瓦，使故宫博物院前进了。现任院长单霁翔同志是位工作狂，又是拼命三郎，心胸宽广，既有信心，又有主见，还谦虚谨慎。他上任以来，没日没夜，一心扑在工作上，为故宫开创了新局面，搭建了上升的新平台。人生能有几回搏，这值！故宫博物院有这样的院长，故宫人放心，我也放心！

（写于故宫小石桥寓所 2015 年 10 月 1 日，刊于《光明日报》2015 年 10 月 10 日）

附 录

张忠培先生为杜伦大学一行讲解《故宫考古、保护与研究——兼谈中国考古学的方法论》

2017 年 5 月 5 日上午，故宫博物院原院长、著名考古学家张忠培先生在故宫宝蕴楼为杜伦大学一行讲解《故宫考古、保护与研究——兼谈中国考古学的方法论》。讲座由故宫研究院考古研究所副所长王光尧研究员主持，杜伦大学 Derek Kennt 教授、技工考古学家 Natalie Swann、助理研究员张然、博士生 Peter Brown，以及考古研究所副所长徐海峰研究员、故宫学研究所副所长王军研究员、宫廷部张长虹研究员、考古所部分成员等院内同人参加。

一开场，张忠培先生即谦和地对杜伦大学的来访学者讲："咱们是朋友了，聊聊天。"随后，张先生从故宫博物院的成立讲起，提出故宫为什么要搞考古、在故宫怎样进行考古等一系列问题，为在场各位详解在故宫进行考古与研究的方法，以及中国考古学层位学、谱系类型学的具体概念。

一、故宫为什么要搞考古勘探与发掘

考虑到讲座对象是来自英国杜伦大学的学者，张先生首先概要介绍了紫禁城的历史及故宫博物院的成立。他向听众指出，紫禁城是明清两代的皇宫，故宫博物院是1925年以后，由于推翻了清朝统治，在紫禁城的基础上，以紫禁城建筑与清宫收藏文物为基础，建立的一座博物院。而建立故宫博物院的首要目的，就是要保护好这座皇宫。同时，要将这座皇宫转变成博物院，让广大的观众来参观，这就有一个如何实现参观，并将其建设成为一座博物院的问题。

因此，保护故宫是一个重要的方面。张先生指出：第一点，皇宫过去没有电器、暖气等设施，所以需要在对其保护的基础上，做必要的现代化博物院应具有的设备、设施建设。故宫由明代第三个皇帝永乐皇帝建成，历经明清两个皇朝，一直延续到1911年。这么长的一个历史时期，是不断地老旧修复与扩建的一个过程。第二点，明代之前的元代就在此建立过都城，所以故宫的地下存在着元、明、清三代不同时期遗存叠压的情况。而保护的对象：一个是地面上现存的，第二个是地面下挖沟才能看到的地下的遗存。

二、对故宫进行保护与研究的四个办法

张先生强调，要实现对于故宫的保护，需要对元、明、清三代都城的沿革变迁做一个考古学的考察。我们的目的，一个是保护好故宫，二要通过故宫考古，让大家了解一个历史变化的故宫，即我们所称的立体的故宫。如何实现这个目的？我们有四个办法。

采取的第一个办法，正如考古研究所所长李季曾讲：用微创的办法对故宫进行手术，达到治病救人的伟大目的。用考古学家的话，就是钻探、勘探，而不使用大面积的发掘。第二个办法就是要有它的长期性。在故宫这个世界文化遗产地，动这个地方、那个地方不由得我们搞考古要求来定，我们的办法是只能配合故宫博物院建设工程，一点一滴，一小块一小块地考古，然后把考古认识了的这些碎片拼缀起来，以实现整体的、立体的了解。为了使故宫实现有效的保护，我们还得做到这样两点：一是不搞主动发掘；二是凡可能损及故宫保护的建设故宫博物院任何设想，都不得付于实施。第三个办法，即采用层位学和有谱系特色的类型学（这就落到了中国考古、故宫考古的方法论上——王光尧）。第四个办法，是配合文献记载研究。中国有很多的文献记载，文献是研究的重要资料，考古与文献结合起来进行研究，我们就能对故宫作整体的、立体的探索。

三、中国考古学的方法论

故宫为什么要搞考古？在故宫怎样进行考古？张先生由此问题出发，着重为在座听众介绍了中国考古学的遗存层位学与遗存谱系类型学的理论与方法。

1. 中国考古学方法论的形成

张先生讲，中国考古学不是土生土长，是从西方欧美国家引进来的。将西方考古学引进到中国来，实际上是以西方考古学的一般原理与方法来研究中国古代遗存，这就有一个将西方考古学的一般原理与方法同中国考古学遗存及其研究实践相结合的过程。最早将西方考古学引进来研究中国古代遗存的，是瑞典考古学家安特生，之后经历了李济在山西夏县西阴村遗址的发掘，至梁思永于后冈揭示出仰韶、龙山、小屯三叠层，则标志着中国考古学的形成。“我认为中国考古学形成于殷墟发掘，也成道于殷墟发掘，随后又经历了大量的实践与研究，至 20 世纪七八十年代之际苏秉琦提出了‘一论二说’，即中国考古学文化区系类型论和中国考古学文化多元一体说与中国文明起源、形成、走向秦汉帝国说。此期间，中国考古也将地层学更新为遗存层位学，类型学发展为遗存谱系类型学。”

2. 遗存层位学

那么，什么是遗存层位学呢？张先生从理论形成的历史渊源讲起，借助他特意为这次讲座手绘的层位剖面图草图，为在座听众进行了细致讲解。

张先生指出，遗存层位学是从地层学这一概念蜕变而来的。中国的考古地层学这一概念，是跟随外国考古学被引进而进入中国的。西方考古学使用的地层学概念，不是西方考古学创造，是借自于地质学的概念。至迟自殷墟发掘，尤其是后冈发掘之前，中国考古学的发掘，也如西方考古学那样，是以深度计层向下发掘的。这样的发掘方法，可以用之于地质学，在一定的情况下也可以用之于旧石器时代遗存的发掘，但用之于自新石器时代以后时期的遗存发掘，不仅失灵，而且会搞得时空混乱。1931 年，梁思永发掘安阳后冈遗址，以土质土色划分“地层”和遗迹，从而搞出了仰韶、龙山和小屯三叠层。后冈的发掘，是中国考古学人以西方考古学的一般原理和方法，同中国遗存实际及其研究实践相结合得到成功的标志，是中国的考古形成的标志，包括后冈发掘在内的殷墟发掘将中国考古学推进到了“形成期”，中国考古学成道于殷墟发掘。中国考古学沿着殷墟发掘开辟的道路向前指引的方向，继续往前行。

1944 年，夏鼐先生在甘肃宁定县阳洼湾进行发掘，这里是有名的齐家文化遗址。他在这里发掘了两座墓葬。墓坑、墓穴是一个单位，埋葬的人、器物是一个单位，之后墓葬的填土又是一个单位，他的发掘把这三个单位搞清楚了。

他在墓葬填土内发现了两块陶片，与墓葬随葬的陶器不同，将之定为“仰韶”陶片，墓内随葬陶器属齐家文化，他认为先有墓葬填土后有墓葬，所以填土内的陶片要早于随葬陶器。安特生提出的六期说，将“齐家”定在“仰韶”之前，夏鼐据这次发掘，将“仰韶”订正在“齐家”之前。1951 年，苏秉琦在西安附近的开瑞庄（客省庄）遗址的断崖上，根据土质土色发现了耕土层下存在着一组遗存叠压与打破关系，即“地层”压着一座墓葬（M2），这座墓葬打破一座袋形灰坑（灰坑八），灰坑八又穿破灰坑七，他据这组遗存各个单位包含的器物，将灰坑七定为“文化一”（即现称之为西阴文化），灰坑八定为“文化二”（即现称之为客省庄文化），M2 及“地层”定为“文化三”（即周文化），认为西安附近“确实存在着三种面貌不同的文化遗存”，“三者间的相对年代关系是文化一早于文化二，文化二早于文化三”，又提出“文化一”“文化二”和“河南境内的两类不同的史前文化遗存好像是遥遥相对的”。石兴邦于 1954~1957 年主持的半坡遗址发掘，开启了中国学人自觉以聚落为目标的考古之序幕。为了使聚落得到大面积乃至整体揭露，也为了确认被揭露出来的聚落遗存的共时与异时，此次发掘采用了联片的探方发掘法和注重找寻连接聚落遗存的路上或地面（考古学常以活动面相称）。正是通过这样的长期的曲折、迂回的田野考古实践，以及对这些实践的认真思考，至 20 世纪七八十年代之际，中国考古学人终于悟出：

第一，无论是古人还是今人，人类都是以地球表面作为自己活动的基本领域，活动的结果，或形成通常所说的地面（或称之为活动面），或形成人走出来的路的路土，后来发展为人类特意修筑成的道路。路和活动面构成人类活动的一个板块，人类活动的不同板块，又以路相连接。路是人类活动的网络，凡同一条路连接的活动面和人类活动的不同板块上人类活动所产生的设施，其一定时期，彼此之间，当是共时的。从同一活动面向下或向上人类活动乃至建设所产生的设施，也当是共时的。凡处于同一地球表面不同层面的人类活动留下的活动面及连接活动面的路，以及与其相关联的设施，彼此之间，则是异时的。如果勉强以人类活动产生的活动面（包括路）及与其相关的设施被废弃后所形成的遗存堆积做个比喻的话，可以将它比之如一本书。每一活动面及与之连接的路，是这书的一页，同这活动面及与之连接的路相关联的设施，便是印在这页书上记录了人类活动的文字。田野考古是读地下这本书，如何读，是从后往前一页页地读，进入室内整理，则要从前往后一页一页地读。

第二，自新石器时代以后的中国考古学根据西方考古学的概念所认定的“地层”的形成和功能相当复杂，除少数是由于自然的，如山洪、泥石流、火山喷发这类原因外，大多是出于人为的原因，如将原先的废弃了的住地改为农耕的田地，和为建设新村落而整平原先废弃的村落所形成的堆积。至今，虽然对这“地层”缺乏深入的研究，难以一一地说明其所以形成及其功能，但可以肯定的是，都不具备上述“第一”所讲的那书的一页页的含义。同时，两层之间的那些为上层所压、口部见于下层的表层的那些遗迹之间的堆积所显示的年代及年代关系，和旧石器时代那种“夹层堆积”及与之相关的两层的年代及年代关系的含义，也有所区别。旧石器那“夹层堆积”的上、下两层，虽然在具体年代上存在着早、晚之分，但从地质学来看，则基本上同属于某一地质年代，那处于这两层之间的“夹层堆积”，则是这同一地质年代的地质学地层形成过程的某一时段的人们活动所留存下来的堆积，它的具体的年代，当和其下的那一层表皮层，即那“某一时段”的地面（即地球的表面）同时，而早于压在其上的“上层”。由此观之，这“某一时段”的地球表面及其所承载的人类在其上的活动所留存下来的遗存，和前面“第一”所讲的那本地下史书中的页及印在这页书上记录了人类活动的“文字”的性质雷同，区别是在旧石器时代，人们的活动基本上仅在地球表面之上。由于人类社会生产力的进步，自新石器时代之后的人类，不仅能在地球表面上活动，而且还得向地面下扩张生产、生活空间，故此时的人们在其生活的地面的上下，都留下自己活动的记录。自新石器时代以后所见的上、下两“地层”之间的那些遗迹，往往是形成于这两“地层”的下层之上的一或两个乃至两个以上的地面的人们的生活、生产的设施，如半地下建筑、地下建筑、窖穴、墓葬的下部等。这些遗迹的层位与年代，当位于这上、下两地层之间，其各遗迹的层位与年代的异同，则由它们原本所在的地面所处层位与年代而定，如这些遗迹仅形成于这两“地层”的下层之上的一个地面者，其层位与年代，当均同属这一地面；如属两个乃至两个以上的地面者，这些遗迹的层位与年代，当分别归属于不同的地面。

3. 遗存谱系类型学

随后，张先生又讲解了遗存谱系类型学的概念。类型学在西方考古学中，是从生物学概念演化来的，是对生物进行研究的方法。中国接触了西方类型学之后，看到器物发展有其类似人类的遗存密码（DNA），有一个自己的谱系。

苏秉琦先生在1975年提出一个重要理论：中国考古学文化是多元一体的。那么所谓多元一体就是像人一样，单独的人，但是人与人之间有共同的东西，这个共同的东西就是遗传的结果。这里有共性和个性的问题。

张先生“经过反反复复、曲曲折折、来来回回”的思考与实践，在20世纪80年代初期，他发表一文，对老师苏秉琦教授提出的“多元一体”理论，进行了另一个角度的思考。他认为：任何一种考古学文化都是一元文化为主、多元为辅的。此文化无非是一个自身遗传，一个对外来影响的传递、交流与吸收。这个关系就像人分为血亲和姻亲。血亲——从父亲、祖父、曾祖父继承来的，同时又接受了母亲一族——姻亲关系的基因。这个DNA，有父亲的二分之一，又有母亲的二分之一。在男性社会里，男性的血缘是一脉相承的，女性是要靠婚姻来承继血脉的。

张先生特别指出，任何一种考古学文化都不是纯种，都是杂种。如汉族有汉文化，就是杂交、杂种的文化融合结果。就人种来说也是杂种、杂交的人种。因此，任何一个民族、文化，都是以一元为主、多元为辅的！所以，研究文化就要区分哪一部分基因是血亲，哪一部分是姻亲。血亲怎么遗传，姻亲的基因怎么被吸收，怎么吸收之后又遗传？

张先生举了一个考古发掘与研究的成功案例：商文化的发掘与研究过程，即按照谱系类型学的方法研究商文化，是如何把商文化的历史研究清楚的。在殷墟的发掘过程中，发现了一种很有特色的遗存，当时叫作小屯文化。结合文献记载，可以确认发掘的地方是殷墟，知道它最晚应是商文化。自盘庚迁殷，商代的273年，可以定义为殷墟文化。自1928年开始发掘，到1958年，考古学家才提出了殷墟文化可以分为四期。每一期实际有长短，约70年一期。后来研究又发现，这里有一种器物是代表它文化的一种特有的器物，叫作陶鬲。以殷墟的陶鬲为基点，从谱系类型学的角度，找出了殷墟早期起，自第一个国王到最后一个国王的商代历史文化的变迁。自20世纪70年代到80年代，从殷墟文化到二里冈文化到先商文化（夏朝时期），再到龙山文化，考古学家不断求索，思考着从公元前第三千年，到公元前第一千年中期，商文化怎么演变而来，又怎么被周灭亡，以及其灭亡后的文化去向。将这么一个近3000年的历史与文化研究清楚，这就是谱系研究的结果。

最后，张先生总结道："中国考古学有两把尺子：遗存层位学、遗存谱系类型学。这是我们中国考古学比较成功的方法论，是长期以来，从做西方考古学学生，到将其理论结合中国实际，做出的一些变化和改革，最终创造了自己的一些东西。我觉得作为一位中国考古学者，参与理论探索的一个学者，我今年 80 多岁了，没有白过。"

之后，杜伦大学一行与故宫考古研究所同人就西方是否存在 3000 年绵延不断的文化谱系划分、故宫是否存在元代地层与皇宫、考古记录方法与文献记载等诸多问题展开讨论与交流。副所长王光尧研究员向对方指明，已在故宫院内首次发现元明清皇家建筑地层的叠压关系，并可以从这些考古发现，来看元明清三代宫殿的分布、叠压及变迁，考古学正在发挥修改、佐证、补充历史的作用。

杜伦大学的 Derek Kennt 教授表示："在英国很早就知道张先生的大名，今天能够见到张先生并听先生讲课，非常感谢。"

张先生指出，中国与英国历史有着很大的区别，当马戛尔尼来访中国时，英国已完成工业革命，建立议会制度，实现了君主立宪。而中国还是农业国家，没有工业，又过了近 100 年后才开始洋务运动，被统治在一个专制王朝下。尽管当时双方有很大不同，但是通过马戛尔尼走过的路面可以把中国的宫廷（北京的皇宫、承德的行宫）与英国的宫廷相互关联起来，当时的中国与英国就是居于这同一个地面，处在不同发展阶段的两个文化、社会的不同情况。但是，有一个共同点就是无论向上飞向宇宙，还是向下到十八层地狱，都可以从地面，或叫路面出发。这样既有历史变化，又可以探索同一时期不同空间、不同格局。最后张先生遗憾地表示，自己很想参加与对方一起的发掘，在实践中探讨问题，但是由于身体原因不能到对方的工地去实地观看了。他强调："故宫考古研究所目前人不多，但是都非常精干，希望以后能够多合作！"

作为一位故宫的管理者、一位考古学家、一位考古学科的带领人，张先生所讲，不但令杜伦大学的 Derek Kennt 教授表示"学到了很多，那些指导性意见对于我们非常有用"，更使在座的每一位故宫人、考古人获益颇丰，深受教育。

附记：本文是张忠培先生最后一次讲座的记录，由张晓玮女士整理而成，张先生在生前仅对文章的前半部分做了修改，后半部分仍沿用张晓玮女士的稿件。

后　记

2018年年初，故宫出版社的常务副总编辑宋小军先生找到我，说受故宫博物院前常务副院长、故宫考古研究所所长李季先生委托，故宫出版社准备出版父亲张忠培先生的一本新书，为故宫博物院—吉林大学张忠培考古研究中心在北京开会做准备，希望我能找来父亲在2013年之后的文章进行编辑。

这是一件大事，更是一件好事。

我埋在父亲的稿件里，几天后写就一份目录交给小军。小军对目录的内容进行了严格筛选，采访稿不能收录，书信不能收录，去除了其中的一些内容。我把选中的文章资料进行编号、扫描和复印，之后交给了负责这本文集的年轻编辑骆艳女士。交给骆艳的多是父亲的手稿复印件，未经整理和文字录入，这些本需要在编辑之前做的工作陡然使出版工作量大了起来。文字录入在工厂里做了很长时间，后来小军找来已出版的相关文章的电子文档，编辑进程一下子加快了许多。

《中国考古学：永远在路上》这本文集，共计27篇，是《中国考古学：说出自己的话》《中国考古学：走出自己的路》《中国考古学：尽到自己的心》的姊妹篇。涵盖了2013年以来父亲的学术研究心得，书中还收录一些父亲在2013年之前写的文章，这些是对这套丛书的补充和充实。

这本文集，我还是沿续前三本书父亲的编辑思想，粗分为五个版块。版块之内按时间顺序排列。总之，很零碎，以致难以冠名。为请读者诸君能从区分的版块的视角，去观察那些文字，除在文集中按序排印外，在目录中还以隔行排印的方式，来显示对版块的区分。本书将父亲最后一次学术讲座的记录设置为附录，是因父亲生前未完成修改，故采用了故宫考古研究所的张晓玮女士整理的稿件。

编辑这本文集的队伍还是沿用编辑前三本书的原班人马：高蒙河、朱延平和宋小军。如果说有些许变化的话，就是我参与了这本书的出版，在上述几位老师的帮助下，尽自己能力做了些事情。

这本文集能够顺利编辑出版，实出于李季的大力支持，高蒙河和朱延平二位的费心和费力，宋小军参与了这本书整个出版过程。还有陈光老师为本文集的《我对考古学文化的文化的认识》一文提供了PPT和大图，张晓玮女士为本书《张忠培先生为杜伦大学一行讲解〈故宫考古、保护与研究——兼论中国考古学的方法论〉》一文做了记录和整理工作，袁永明先生为本书《在〈圆明园考古遗址公园规划〉文本专家评审会上的发言》一文提供了整理稿件，年轻编辑骆艳女士作为这本书的编辑，时常与我联系和沟通。

这本文集汇集了众人的智慧和劳动，我衷心地为编辑及促成出版这本文集而出力的先生和女士们道声感谢，谢谢你们！

当然这本书的出版还留有些遗憾：就是父亲未经手这件事。为了完成父亲这个夙愿，我们沿续前三本的编辑思路去收集资料，编辑和出版这本文集。虽然我们尽心了、尽力了，但父亲学术思想的表达还只是接近和逐步接近，父亲的学术思想还需要在之后和以后的出书中逐步体现。

这本文集的编辑和出版，是对我逝去的父亲张忠培先生的最大告慰。

张晓悟

2020 年 4 月 14 日

图书在版编目 (CIP) 数据

中国考古学 . 永远在路上 / 张忠培著 . — 北京 : 故宫出版社 , 2020.6

ISBN 978-7-5134-1296-4

Ⅰ . ① 中… Ⅱ . ① 张… Ⅲ . ① 考古学—中国—文集 Ⅳ . ① K870.4-53

中国版本图书馆 CIP 数据核字（2020）第 083664 号

中国考古学

永远在路上

张忠培 著

出 版 人：王亚民
责任编辑：宋小军　骆　艳
封面设计：王　梓
责任印制：顾从辉
出版发行：故宫出版社
地址：北京市东城区景山前街4号　邮编：100009
电话：010-85007808　010-85007816　传真：010-65129479
邮箱：ggcb@culturefc.cn

印　　刷：北京启航东方印刷有限公司
开　　本：880毫米 × 1230毫米　1/32
印　　张：8.75
版　　次：2020年6月第1版
2020年6月第1次印刷
印　　数：1 ~ 3000册
书　　号：ISBN 978-7-5134-1296-4
定　　价：76.00元